JN236869

ついてる仙人●著

株・日経225先物 勝利のチャート方程式

2パターン

リスクヘッジ戦略からオプション活用術まで!

アールズ出版

はじめに

　この本を手にしていただきありがとうございます。心から感謝いたします。
　いきなりですが、自分の寿命があと半年だと言われたらどうしますか?
　株式投資の本の最初にこんな書き出しがあるなんておかしいと思いますよね。
　私のブログの題名は、ついてる仙人の「株式投資」「日経225先物」と「ありがとう」で幸せになるブログと言います。
　なぜ「ついてる仙人」なのか? なぜ「株式投資」だけではなく「ありがとう」という言葉が出てくるのか?
　今から6年前の話です。私は天疱瘡という難病にかかりました。
　その2年後には余命半年の第Ⅳ期の悪性リンパ腫という癌になりました。
　「4歳と1歳の子供を残してこの世を去ることになるのかな。父親としての思い出を残してやりたいな」そんなことを思っていました。
　そしてあと半年の命であるのなら私はその半年間で何ができるのだろう。半年間でこの世の中に何を伝えていけばいいのだろう、と考えるようになったのです。その時から自分の知っている相場の手法を多くの人に伝えていきたいと思うようになったのです。
　悪性リンパ腫の告知を受けてから丸4年が経過した今、私はこ

の本を書いています。

まだ生きているのです。なんと私の癌はいつの間にか完治してしまったのです。私が「ついてる仙人」と名乗っているのにはこのような理由があるのです。

神様がまだやり残したことがあるだろう。それをやってからこっちの世界においでと言っているように感じます。神様にもう一度命をもらったのです。だからブログに「ありがとう」が入っているのです。

私がやり残したこととは、個人投資家のみなさんに株式投資の本当の楽しさを知っていただくことです。ネット上ではブログを通じ、幸せに生きる方法や私の売買手法を公開しています。今回は本という媒体で私のノウハウをお伝えできる機会をいただきました。

この本では私のノウハウを包み隠さずに書いています。本にはスペース上の限りがありますので私の知識のすべてを載せることはできませんが、重要なことを最優先してできるだけわかりやすく書いたつもりです。

本書は必ず皆さんのお役に立つことができ、本書の内容を実践することで投資で生きる道への一歩を踏み出せることでしょう。

相場で生きていくためには次の4項目が必要です。

①有益な本やホームページ、ブログから相場の原理・原則を知る。
②原理・原則を知ったらそれが正しいか自分で検証をし理解する。
③理解し納得した原理原則に基づき売買をする。
④相場と友達になるための精神的な訓練

①の原理原則を知るということのウェートは全体の10％です。②の原理原則を理解するということは全体の20％です。③の自分自身で原理原則に則って売買をするは全体の30％です。最後の④は全体におけるウェートの40％を占めています。
　本書には相場で儲けるための10％しか書かれていません。しかし、その10％を手に入れなければ残りを手に入れることは不可能です。
　相場で生きていくというのは生半可なことではありません。本気で勉強をし相場に臨まなければならないのです。

　難病と末期がんから復活しセミリタイヤすることのできた私のノウハウを受け入れる準備はできたでしょうか？
　準備ができたのであればすぐにこのページをめくり今までに知ることのできなかった相場の楽しさ、そして相場の原理原則を手に入れてください。
　本書を読み終えたみなさんが10年後相場の世界で生き残っていることを楽しみにしています。

　なお、本書に掲載されている図やチャートを株式会社DREAM-CATCHERのホームページでご覧いただけます。パソコン画面でチャートを見ながら読んでいただきますと、一層理解が深まると思います。図やチャートの閲覧サイトアドレスは下記になります。
　　http://nk225.info/book-1/　　ぜひご活用ください。

2009年10月吉日　　　　　　　　　　　　ついてる仙人

株・日経225先物勝利の2パターンチャート方程式＊目次

はじめに——3

序章
儲からない投資家になるのは簡単？

儲からない投資家の得意技、塩漬けレシピ——12
塩漬けにしたい人はいないはずだが…／塩漬けにもメリットがある？／最高級レシピ…塩漬け株の作り方

塩漬け株は青春の汗や涙と同じ塩味だった——17
塩漬け株が増えていくしくみ

人間の行動は予想どおり不合理——21
損切りは、自分がアホだと認めるようなもの？／トレードにおいては、安全確実が正解ではない／安くなったから、ナンピン買いする？／インターネット上はおいしい情報の山？

損切りしなければ勝率100％で夢の世界が見えてくる？——29
損切りは脳を不快にする？／脳は間違った逆張りが好き？／勝率100％で夢を見るか、勝率25％で夢をつかむか

リスクヘッジを知らない人は損をする——35
簡単に損をするなら、簡単に儲けられる？／プロに学ぶ、リスクヘッジ

第1章 これだけは知っておけ!
個別銘柄の選択方法とエントリータイミング

ファンダメンタルとテクニカル勝つのはどっち？──40
プロに一歩後れを取るファンダメンタル／プロと同条件で投資できるテクニカル

トレンドのビッグウェーブを見分ける術──42
株価の波動を見極める／トレンドは指標ではなく、株価の動きで特定する／株価の高値・安値の判断方法／波動のピーク・ボトムでトレンドを判断する

トレンドのビッグウェーブの乗りこなし方──52
高値切り上げ・安値切り上げパターンなら、直近高値を抜く確率55.8％／下降トレンド突入の合図／下降トレンドから上昇トレンドへの転換を示す2パターン

株価にとって移動平均線は恋人のようなもの──59
75日線に離れては戻る、を繰り返す株価／上昇トレンドに転換し、初めての下落は75日線まで押す／下降トレンドの場合は、75日線まで戻したら売り

度胸一発、絶対に買わなければいけないチャートはこれだ！──65
モデル図に重ねてみれば一目瞭然／モデル図に合わない銘柄は除外する／具体例で練習してみよう

1日10分で明日のエントリー銘柄を探そう──72
スクリーニング機能を活用しよう／上昇トレンドにある銘柄を探そう／下降トレンドにある銘柄を探そう

第2章　誰も知らない!
日経225先物の必勝売買手法

魅惑の日経225先物 ——— 80
　効率のよいお金の稼ぎ方は？／レバレッジが効く上に、流動性が高い

日経225先物、勝利の方程式〜3つの波動 ——— 85
　株価のチャートは、S波動で形成される／M波動はS波動の上昇下降によってできる／M波動が組み合わさって作られるL波動／ドリームトレンドを見つけよう！

日経225先物の天井と底には相場の神様がいる ——— 93
　信用取引の本当の利点／日経225先物なら、毎日がチャンス！

日経225先物の聖杯は逆張りだった ——— 99
　順張りであって、逆張りである手法？／高値ブレイクはうまみが少ない？／S波動の底は60〜70％わかる／S波動の底らしさを決める条件

第3章　知らないと損する!
日経225先物、リスクヘッジ戦略

リスクヘッジの種類 ——— 112
　リスクヘッジは、日経225先物で

なぜ日経225先物でリスクヘッジをするのか ——— 114
　日経平均株価と個別銘柄の連動性／日経平均と日経平均採用銘柄は本当に連動しているのか

日経225先物によるリスクヘッジの優位性────120
銘柄選び不要、少ない資金でOK

日経225先物によるリスクヘッジ実践編────122
個別銘柄エントリー時のリスクヘッジ／ヘッジを外すタイミング／75日線より上の位置で買った場合のリスクヘッジ／ヘッジを外すタイミング／75日線上で買った場合のリスクヘッジ／ヘッジを外すタイミング

含み損が出ている時点でのリスクヘッジ────131
トータルで考えればリスクヘッジは含み損が出てからが無難／75日線を完全に下回ってからリスクヘッジする／75日線タッチでリスクヘッジする／直近安値をメドにロスカットも視野に入れる

含み益が出ている時点でのリスクヘッジ────140
エントリー時のリスクヘッジは慣れたら不要／日経平均の天井らしきところを見極める／天井らしさ70〜80％でリスクヘッジ／S波動、底70〜80％でヘッジを外す

第4章 これで鬼に金棒！
日経225オプション活用術

日経225オプションとは────150
オプションの基本形は4つ／プレミアムとは／「対数正規分布・標準偏差」／価格変動の大きさ／オプションを保険にたとえると…／日経平均が強いと思えば、コールを買うあるいはプットを売る

ヘッジのためのオプション戦略────162
ヘッジのためのプットの買い戦略／ヘッジのためのコールの売り戦略（カバードコール）

最終章
儲からないトレーダーが一番嫌いな話
儲かるトレーダーが一番好きな話

あなたは簡単に破産できる ─── 166
　破産する確率0%に近づける方法／勝率50%、ペイオフ比率1では破産する可能性あり

お金が貯まらない理由（連敗確率） ─── 171
　優秀なトレードシステム＝儲かるシステムではない？／4連敗するようなシステムは使えない？／退場しないために絶対やってはいけないこと

敗者の考え方 ─── 178
　トレーダーを破滅へと導く欲望と恐怖

白と黒のビー玉 ─── 180
　マネの限界／勝率50%を超えるために

資金管理を知らないのならば株式投資をやめなさい ─── 184
　ベテランより初心者のほうが勝率は高い？／売買資金を増やすタイミング／資金管理の全体的な考え方

おわりに（相場塾の紹介） ─── 189

序章

儲からない投資家になるのは簡単?

儲からない投資家の得意技、
塩漬けレシピ

　株式投資をある程度の期間やっていると自分の得意とする手法が身についてきます。
　順張りを得意とするトレーダー、逆張りを得意とするトレーダー。ブレイクアウトを得意とするトレーダー……。
　一方、儲からない投資家の多くが身につけるのは「塩漬け」という手法です。

●塩漬けにしたい人はいないはずだが…

　ご存知のとおり、トレードには順張りと逆張りが存在します。順張りとは、今まで相場が動いてきた方向にエントリーすること。つまり、相場の流れに逆らわずに波に乗ることです。
　逆張りとは、逆に今まで相場が動いてきた方向とは逆にエントリーすること。つまり、相場の流れに逆らってチャレンジすることです。
　ブレイクアウトという手法は、ある一定の値幅を超えたときに超えた方向にエントリーする手法のことです。伝説の投資集団「タートルズ」が利用していたことで有名ですね。
　一方「塩漬け」という手法はエントリー時における手法ではありませんし、手仕舞いにおける手法でもありません。株式投資を行う場合、絶対にやってはいけないことです。
　塩漬けの本来の意味を辞書で調べてみると、「古くから用いら

れてきた方法で食べ物（特に腐敗してしまいやすい物）を、長期保存のためや、味を付けるために食塩に漬けておいたもの、または塩に漬けておく方法そのもの」と出てきます。

　株式投資における塩漬けは、買った銘柄の株価が自分の想定以上に下がり返済するととても大きな損失になってしまい損失を確定することができず、いつかまた買い値まで戻るだろうと期待して長期保有をしていることです。

　投資関連の本を読むと、ほとんどの本に塩漬けは絶対にやってはいけないと書いてあります。しかし株式投資をしている個人投資家の多くは、この塩漬け株を保有しています。塩漬けにしたくて株式投資をしている人はいないでしょう。しかし現実に塩漬けは起こるのです。

●塩漬けにもメリットがある？

　なぜ、塩漬け株を保有してしまうのでしょうか。

　塩漬けにはメリットとデメリットがあります。

　デメリットは、塩漬けになった株の資金は次の投資に回すことができないということです。いくら投資したい銘柄があっても資金がなければ投資をすることはできません。いくら塩漬けになっても投資する資金には困らないという人なら問題はないのかもしれませんが、多くの投資家は資金に限界があります。投資したい時に投資ができなければ利益を上げることはできません。これは精神的にも非常に大きな苦痛になります。

　では、次にメリットを考えてみましょう。「塩漬けのメリットはありません」と全員が答えるかもしれませんね。しかしメリット

がないのに実際には塩漬け株を保有している人が大勢いるのです。
　実は、塩漬けには「精神的に楽になれる」というメリットがあるのです。
　「今は塩漬けになっているけれどいつかは買値まで戻るだろう。その時に返済すれば損失はなくなるな」と思うと精神的に楽になります。今の苦痛を忘れることができるのです。ですから、普通の人であれば塩漬けになるのは当たり前なのです。
　では、塩漬けのレシピをご紹介しましょう。

●最高級レシピ…塩漬け株の作り方

　用意するもの
- 株式投資をするための資金　　　100万円あれば十分でしょう
- 個別銘柄のチャート　　　　　　1面
- 気合い　　　　　　　　　　　　少々
- 我慢する根性（塩味）　　　　　大さじ10杯
- 後悔　　　　　　　　　　　　　無限大

　100万円の資金で1000円の株を1000株購入できます。
　まずは個別銘柄のチャートを見てこれは将来株価が上がりそうだという銘柄を探します。探し方は簡単です。ネットの掲示板に出回っている情報や雑誌のアナリストの推奨銘柄をテキストにしてご覧ください。
　お気に入りの銘柄の株価が高値から1000円まで下がってきたらこの株を30％の利食い目標として1000円で購入します。指し値で待って逆張りでの買いですね。

儲からない投資家の多くは、この1000円で買った株が自分の思惑どおりに上昇してきた場合、チャートを見ると1300円まで上昇する可能性が高いとわかっているのに1100円くらいになるとドキドキしてきます。ここで気合いを少々入れましょう。

　すると、1100円で利食いしそうになった自分を抑えてもう少し我慢できます。しかし気合い少々でしたから1300円まで上昇するのを我慢できずについ利食いをしてしまいます。そして1300円まで上昇すると「やっぱり1300円まで上昇したんだ」と後悔します。そしてまた1000円まで下落するともう一度上がるのではないかと思い買うのです。

　逆に1000円で買った株が自分の思惑とは反対の方向に動いた場合は我慢する傾向があります。ここで大さじ1杯の我慢する根性を投入してしまうのです。

　900円まで下落した場合、10％しか下落していないので大丈夫と思い損切りをしません。ここでも大さじ1杯の我慢する根性の投入です。

　800円まで株価が下落した場合には、利食い目標は30％だから20％の下落は許容範囲だとして損切りをしません。ここでは大さじ2杯の我慢する根性を入れます。

　700円まで株価が下落した場合には、利食い目標は30％だから同じ30％なのでまだ許容範囲だとして損切りをしません。ここでも大さじ2杯の我慢する根性の投入ですね。

　ここまでは許容範囲だとして損切りをしませんが、心の中では大きく動揺しています。すでに大さじ6杯もの根性を使ってしまったのですから。

そして株価が600円まで下落したとき、ここで損切りしなくてはダメだと思いますが、損切りを確定させたときの損失額の大きさを想像するとどうしてもマウスをクリックできません。最後に残りすべての根性を投入するのです。

　そして株価が500円まで下落したときに、精神的な限界となり「保有している株は長期投資なのだから買値に戻るまでこのまま放っておこう」と考えるようになるのです。しかし、株価はさらに下落するのです。

　これで最高級の塩漬け株の完成です。大さじ10杯もの塩味の根性を入れてしまったのですからもう食べられたものではありません。食べる意欲のなくなったものはそのまま放置されます。

　塩漬け株が出来上がったら最後にする味付けが無限大の後悔です。株式投資なんてやらなければよかった。最初の資金があれば車の頭金になったし、家のローンの早期返済にも充てられた。かみさんや彼女に好きなものを買ってもあげられたなぁ。家族全員でうまいものを何回食べられただろう。後悔は数え上げたらキリがありません。まさに無限大の後悔です。

　本書ではこの塩漬け株を作らない手法はもちろんのこと、塩漬け株を持っていることができなくなる手法をお伝えしていきます。今まで自分の思っていた株式投資の常識が本書を読んだとたんに180度変わってしまうかもしれませんよ。

　一生涯に渡って楽しく儲けることができるような手法を身につけてくださいね。本書では私が実際に儲けている多くの手法をお伝えしています。

塩漬け株は
青春の汗や涙と同じ塩味だった

　前項で儲からない投資家の保有株が塩漬けになる理由を述べました。

　では、保有株が塩漬けになるとどのようなことが起こるのでしょうか。

●**塩漬け株が増えていくしくみ**

　ある投資家が、当初資金500万円で株式投資を始めたとしましょう。

　株式投資のHOW TO本を読むと「株式投資は分散投資をしなさい」と書いてあります。

　そこで500万円の資金があるのでこの500万円を10に分けて1銘柄50万円までの投資を限度とし、10銘柄に投資をします。

　儲からない投資家は間違った逆張りが大好きですから、株価の大きなトレンドが下落しているときに買い向かいます。当然のことながら大きなトレンドが下を向いているので10銘柄のうち半分以上の銘柄は下落、あるいは横ばいということになります。運良く10銘柄のうち3銘柄が30％の上昇をしたとしましょう。

　そうすると10銘柄のうち3銘柄については30％上昇するのですが、目標の30％という利食いを我慢できずに10％の利益で手仕舞いをしてしまいます。5銘柄については株価がほとんど動かずに投資金額と同等の株価で推移しています。残り2銘柄につい

ては買値の半分まで下落します。

　利食いの3銘柄はそれぞれ10％の利益が出ましたので50万円×10％＝5万円の利益となります。3銘柄合計で15万円の利益を得られました。

　5銘柄については株価がほとんど動かなかったので保有を持続しています。しかし、多くの儲からない投資家は1カ月も株価が動かない状態が続くと、もうこの株は動かないのではないかと考えてトントンで手仕舞いをしてしまいます。つまり損益は0円ということになります。

　そして残りの2銘柄については、買値の半分まで下落しましたのでお得意の塩漬けにするのです。塩漬けにした2銘柄の資金は100万円ですが、時価は50万円まで下がっています。この時点で損切りをすれば次の投資資金が50万円増えるのですが、塩漬けが大好きですから当然損切りはしません。

　この時点で次に投資できる金額を出してみましょう。

　利益の出た3銘柄合計で元金150万円＋15万円＝165万円となっています。トントンだった5銘柄は250万円です。塩漬けになっている2銘柄は次の投資資金に回せないので0円となります。

　10銘柄を取引して2銘柄程度の塩漬け株はどうということはありません。青春時代に流した汗のように心地よいしょっぱさを感じる程度なのかもしれません。この時点での次回投資可能資金は165万円＋250万円＋塩漬け2銘柄＝415万円となります。

　この415万円を再び1銘柄50万円として再投資します。

　今回は8銘柄への投資が可能です。儲からない投資家は間違った逆張りが大好きですから、株価の大きなトレンドが下落してい

るときに再び果敢に買い向かいます。当然のことながら大きなトレンドが下を向いているので8銘柄のうち半分以上の銘柄は下落、あるいは横ばいということになります。運良く8銘柄のうち2銘柄が30％の上昇をしたとしましょう。

　そうすると8銘柄のうち2銘柄については30％上昇するのですが、目標の30％という利食いを我慢できずに10％の利益で手仕舞いをしてしまいます。4銘柄については株価がほとんど動かずに投資金額と同等の株価で推移しています。残り2銘柄についてはもちろん買値の半分まで下落します。

　利食いの2銘柄はそれぞれ10％の利益が出ましたので50万円×10％＝5万円の利益となります。2銘柄合計で10万円の利益を得られました。

　4銘柄については株価がほとんど動かなかったので保有を持続しています。しかし、多くの儲からない投資家は1カ月も株価が動かない状態が続くと、もうこの株は動かないのではないかと考えてトントンで手仕舞いをしてしまいます。つまり損益は0円ということになります。

　そして残りの2銘柄については買値の半分まで下落しましたのでお得意の塩漬けにするのです。塩漬けにした2銘柄の資金は100万円ですが、時価は50万円まで下がっています。この時点で損切りをすれば次の投資資金が50万円増えるのですが、塩漬けが大好きですから当然損切りはしません。

　この時点で3回目の投資に投入できる金額を出してみましょう。

　8銘柄中利益の出た2銘柄合計で元金100万円＋10万円＝110万円となっています。トントンだった4銘柄は200万円です。前

回塩漬けになっている2銘柄と今回塩漬けにする2銘柄は次の投資資金に回せないので0円となります。これで大好きな塩漬け株は4銘柄となりました。

　今回の投資資金415万円のうち50万円ずつ8銘柄に投資をしたので合計は400万円です。415万円のうち15万円が残っていますので、この時点での次回投資可能資金は110万円＋200万円＋15万円＋塩漬け4銘柄＝325万円です。

　この325万円を再び1銘柄50万円として再投資をしますが、このような投資を繰り返していくと、4回目の投資資金は210万円＋塩漬け6銘柄となり、7回の投資では55万円と塩漬け株10銘柄という結果になるのです。

　ここまでくるとさすがにもう投資をしようとは思わなくなりますよね。

　塩漬けになった10銘柄をふところにしまって株式市場から退場し年老いていくだけになります。

　年老いたときに思うことは、青春の汗や涙はしょっぱかったなぁ…。

　そして投資して手元に残っている塩漬け株も青春の汗や涙と同じように思い出になっていることでしょう。こちらは良い思い出ではなくつらい思い出かもしれませんが……とてもしょっぱい話ですね。

人間の行動は予想どおり不合理

　一般投資家の一部の人は保有株を塩漬けにしてしまいます。
　本当は一般投資家の多くの人と書きたいのですが、そのように書くと私は刺される可能性が高くなりますので、ここでは一部の人としておきます（笑）。
　塩漬けにしてしまう理由というのは心理的要因が大きいのです。
　塩漬けになるということは損切りができないということです。1000円で買った株の損切り価格を800円と決めていたとしても800円まで下がったときには、そろそろ底打ちして反発するだろうと考えて損切り価格を下げてしまうのです。
　では、損切りできない理由について考えてみましょう。

●損切りは、自分がアホだと認めるようなもの？

　ある銘柄を買うということは「この銘柄は上がるぞ！」と考えて買うのですね。しかし、その銘柄が自分の目論見がはずれ下がってきたときには損切りという選択を迫られます。
　損切りをするということは「損失を確定する」「自らが間違っていたことを確定する」「自分が判断して、自分がクリックした銘柄を自分で損切りするということは、自分が自分でアホでバカだと認めるようなもの」と考えてしまいます。
　つまり「損切りできない」というのには「自分がバカであることを認めたくない」という意識があるのです。

そして、人は物事に対して合理的に考えることができない場合が多くあるのです。

●トレードにおいては、安全確実が正解ではない

　次の質問をご覧ください。

Aの質問
　①あることをすると100パーセントの確率で7万円もらえる
　②あることをすると75パーセントの確率で10万円もらえるが
　　25パーセントの確率で1円ももらえない

　さて、あなたは、どちらを選びますか？
　もうひとつ違う質問をしますね。

Bの質問
　①あることをすると100パーセントの確率で7万円を損する
　②あることをすると75パーセントの確率で10万円の損をするが、25パーセントの確率で1円も損をしない

　さて、あなたは、どちらを選びますか？
　この質問に答えた多くの人は、質問Aでは①、質問Bでは②を選択したはずです。
　普通の人はこの選択をするのが当たり前なのです。
　人間の脳というのはそのようにできているからです。
　私たちは子供の頃から親や近所のおじさん、おねえさん（私は

女の人をおばさんではなくおねえさんと呼びます) たちに次のように言われて大人になりました。

　道路は危ないから横断歩道を渡るときはよ〜く確認して安全に渡るのよ！

　何かをやるときには危険なことが起こるかもしれないからしっかりと確認してやるんだぞ！

　何事も確実に正確にやるんだよ。

　包丁を使うときは、危ないから手を切らないようにしっかりと確認をして安全に使うようにするのよ。

　このように「安全に！」「確認して！」「確実に！」など、安全確実が正しいと教えられてきました。

　小さい頃から何度も何度も同じことを多くの人に教え込まれてきたのですから、私たちはそのことを忠実に守り安全に確実に物事を行ってきました。

　そのおかげで今も無事に生きていてトレードを楽しむことがきるのですね。しかし、トレードにおいては、この安全確実が正解ではないのです。

　先ほどの質問をもう一度読んでよ〜く考えてください。

　質問A、Bともに選択を1000回繰り返すと、
　質問Aは、
　①を選ぶと7000万円の利益になります。
　②を選ぶと7500万円の利益に限りなく近づきます。
　質問Bは、
　①を選ぶと7000万円の損失になります。

②を選ぶと7500万円の損失に限りなく近づきます。

　質問Aは①を選び、質問Bは②を選ぶと、回数が多くなればなるほどマイナス額が多くなっていきます。
　ですから、株式投資において損切りを行う場合には100パーセントの損切りのほうを選択しないといけませんし、利食いはその反対で、100パーセントの利食いを選択してはいけないのです。
　1回の取引で100パーセントの利食いをすると利益が少なくなることになります。
　株式投資においては「損切りは早く、利食いは伸ばす」ということが正解となります。
　「人の行く裏に道あり花の山」という相場格言がありますが、このようなことを言っているのですね。

　損切りをするというのは、Bの質問の場合ですね。ある株式を買った後に、自分の目論見とは異なり株価が下がった場合、買値まで戻す可能性は0パーセントではありません。どんなに大きな下落トレンド中でも買値まで戻す可能性はあります。
　その企業がものすごい発明をして特許をとったとか、大幅なリストラをして経費の削減に成功し決算の上方修正をした、などのビッグニュースが出ることだってあるでしょう。
　一般投資家の多くは、自分が買った後に株価が下がると上記のようなことがあるかもしれないと期待して100パーセントの損切りをしないばかりか、分割での損切りもせずに購入した株すべてを保有し続ける傾向があります。

これが塩漬け株となるのです。

●安くなったから、ナンピン買いする?

　塩漬け株を持っている人に話を聞くとある共通することがあります。それは何かというと、塩漬けになっている株は1単位ではなく複数単位だということです。

　たとえば、ある株を700円で買ったとして、その株が下落し現在の株価が150円まで下落しているとすると、この株が塩漬けになっている人は700円で買った1単位だけではなく600円や500円で買い増しをしているのです。

　ひどい人になると100円下がるごとに買い増しをしています。間違った逆張りを続けた結果、このような保有状況になってしまったわけです。

　このように塩漬け株とお友達になっている人はナンピン買いをする傾向があります。

　ナンピン買いについての説明はいらないと思いますが、中にはナンピン買いについて勘違いをしている人もいらっしゃるので簡単に説明をしておきます。

　ナンピン買いとは1000円だった株価が500円まで下落し、もうこれ以上は下がらないだろうという予測をして500円で買います。しかし、予測に反して400円になったので平均取得価格を下げるために買い増しをします。株価はさらに下げ300円になったので平均取得価格を下げるために再び買い増しをします。

　ナンピン買いとは、このようにある株の株価が底であると判断したのにさらに下がったので損失を少なくするために平均取得価

格を下げるテクニックです。

「株価が底であると判断した」という部分は非常に重要ですから覚えておいてくださいね。

一方、儲からない投資家がナンピン買いをする理由はなにかというと、次のようなことがあげられます。

2000円の株価をつけていた銘柄が1000円になった。元々は2000円だったものが半値の1000円になったのだから割安だ。この時点で、1000円で買うわけです。そして1000円になった株が900円になるとさらに安くなった。こいつはラッキーと言ってさらに買い増しをするわけです。

そこから100円下がるごとに買い増しをしていきます。元々は2000円だった株価が半値以下になってもまだ安くなるのですから買い増しをする理由はあっても損切りをする理由はどこにもないのです。

こうしてついに株価は500円になり、買い増しをする気力も資金もなくなります。

●インターネット上はおいしい情報の山?

また、儲からない投資家が参考にしていることのひとつにアナリストやインターネット掲示板での株価予想があります。

インターネット上で「この株は3000円までの上昇があるでしょう」と誰かの意見があると、この株の株価は今は2000円なので割安だから買いだ。ここから1000円も上昇するのであれば買っておかなければ損をする、と考えチャートなどろくに見もしないで買いに走ります。

また、インターネット上で「この株は、悪材料が出るので500円まで下落する可能性が高いです」という誰かの意見があり、それに賛同する人が多いと、今の株価が1000円だからここからかなりの金額を下げ半分の株価になるんだな、と考え売りに走ります。

　これは自分自身の投資判断ではありません。ただ単純に誰かが言ったことを信じただけのことです。

　今の株価と誰かが言った予想株価を比較検討し、これなら今の価格で売買すれば大儲けできると考え投資したならば、誰かの言った言葉を信じただけで自分の考えは何もありません。

　今後の株価の動きや今の株価が割高か割安かという非常に重要なことはすべて見ず知らずの他人に任せて、その人の言うことを信じるか信じないかということだけを感覚的に決めているだけなのです。

　このような売買をして損失が出るとインターネット上で間違った予想をしたやつが悪い。あいつのせいだと思うか、インターネットに書き込まれていることを鵜呑みにした自分がバカだったと思うかのどちらかになります。

　このように誰かの言ったことを信じて売買をしている人は、その人がナンピン買いをすれば自分もナンピン買いをし、その人が損切りをしない限り自分も損切りをしないで塩漬けのまま保有しています。

　そしてそのうちにインターネット上でその株についての書き込みはなくなっていくのです。

　どっちにしても大事な資金は大きく減り精神的ダメージも大き

くなり良いことなど何一つありません。
　このような投資をしていてはいつまでたっても儲けることのできる投資家になることはできないでしょう。
　インターネット上にはおいしそうに見える情報が非常にたくさんありますが、そのほとんどはクズネタであると私は思っています。
　儲からない投資家はナンピン買いという架空の蜜の味におどらされているのです。

損切りしなければ
勝率100％で夢の世界が見えてくる？

　快感物質であるドーパミンをご存じでしょうか。脳ブーム以来テレビでも脳の働きについて多くの番組が放送されていますので多くの人が知っていると思います。

　ドーパミンとは、交感神経節後線維や副腎髄質に含まれるノルエピネフリンやエピネフリン（ホルモンの一種）という物質とともに生体内アミンの一種であるカテコラミンという物質のひとつです。

　私たちの食べ物の中に含まれるフェニルアラニンやチロシンというアミノ酸がチロシン水酸化酵素によってドーパになり、それがドーパ脱炭酸酵素の働きでドーパミンになることがわかっています。このドーパミンはさらにドーパミンβ水酸化酵素という酵素でノルアドレナリンになりますし、これはさらにエピネフリンに変わります。

　なんだか難しくてよくわからないですね。

　簡単に言うと、人間の脳は嬉しいことや楽しいことがあると快を感じるようになります。そして快を感じるとドーパミンが脳の中で作られるのです。あるいは脳の中でドーパミンが作られるから快を感じるのかな…。それはどっちでもいいんです。

　ここではドーパミンという物質が快と関係があるということだけわかっていればいいのですから。私ってこういうところは結構適当なんです。

●損切りは脳を不快にする?

　株式投資を始めた当初は誰でも損切りはしたくありません。
　それはなぜかというと人間の脳は損失を受け入れることを異常に嫌うのです。
　人間は誰もが嬉しいことがあると喜びます。イヤなことがあると嫌な気分になります。
　人間の脳は快と不快を感じ取る素晴らしい機能があるのです。
　嫌いなものが多い人は、いつも不機嫌です。嫌いなものがなく何でも好きになれる人は、いつも上機嫌です。
　仕事のできない人は間違いなく仕事が嫌いです。仕事がつまらなくて苦しくてすぐにでも家に帰りたいと思っています。女性にもてない人は間違いなく女性と付き合うのが苦手です。女性の前に出ると自分から話すことができない人です。
　またお金の貯まらない人ははっきり言ってお金を稼ぐことが嫌いです。「いやそんなことはない、私はお金を稼ぐことは大好きです。お金があれば好きなものを何でも買えるではないですか」と言うかもしれません。
　しかし、それはお金を稼ぐことが好きなのではなく、稼いだお金を使うことが好きなのです。お金で買えるものが好きなのです。お金を稼ぐことが好きなのではありません。
　同様に損切りのできない人は、100パーセント確実に損切りをすることが嫌いです。損切りをすることは難しく、苦しく、情けないことだと思っていて損切りに対して脳が不快になっているのです。

●脳は間違った逆張りが好き?

　先ほど間違った逆張りの話をしましたが、脳の働きは間違った逆張りにも大きく関係しています。まず正しい逆張りと間違った逆張りの過程を見てみましょう。たとえば、逆張りで1000円で買った銘柄が思惑がはずれ、680円まで下落し、その後1100円まで反発したとしましょう。

　正しい逆張りは、1000円で買う→950円で損切り→900円で買う→850円で損切り→800円で買う→750円で損切り→700円で買う→680円で大底となって反発。1100円まで上昇して400円の大幅利食い。

　間違った逆張りは、1000円で買う→損切りしないで680円まで持続→1100円まで上昇して100円の利食い。

　という過程をたどります。

　正しい逆張りでは利食いが1回、損切りが3回でした。間違った逆張りでは利食いが1回、損切りは0回でした。

　では、損益を比較してみましょう。

　正しい逆張りでは1回の利食いで400円の利益、3回の損切りで合計150円の損失となります。400円の利益、150円の損失ですから合計250円の利益となりました。

　間違った逆張りを見ると損切りはありませんので損失は0円です。利食いは1回です。1000円で買って1100円で売っていますので100円の利益ですね。100円の利益プラスマイナス0ですから合計100円の利益となりました。

　正しい逆張りは、1勝3敗で250円の利益、間違った逆張りは1

勝0敗で150円の利益です。

　正しい逆張りの勝率は1勝3敗で25％です。間違った逆張りの勝率は1勝0敗で100％となっています。

　人間の脳の機能を思い出してください。人間の脳は快と不快を感じ取ります。株式投資において快と感じることはもちろん儲かることです。そして不快と感じることは損をすることです。

　正しい逆張りでは250円の利益を上げていますが、勝率は25％です。間違った逆張りでは100円の利益ですが、勝率は100％となっています。人間の脳はどちらの状態を快と感じるのでしょうか？

　答えは簡単です。人間の脳は勝率100％の間違った逆張りを快と感じるようにできているのです。

　脳はいくら儲かったかではなく儲かったか損をしたかで快と不快を感じ分けています。間違った逆張りの場合は、1000円で買って680円まで株価が下落しているときに含み損を抱えている状態ですからそこで不快を感じます。

　しかし損切りはしていませんから、本当の不快な感情ではないのです。まだ上昇するという希望を持った不快な感情です。そして680円から株価が上昇して1100円で利食いをしたときに快の感情を感じるのです。細かく言えば680円から上昇して行く過程で快を感じているとも言えますが。

　正しい逆張りの場合を見てみましょう。初めに1000円で買って950円で損切りをしています。この時点で損失を確定していますので脳は不快な感情を感じ取ります。次に900円で買って850円で損切りしていますのでこの時にも脳は不快を感じます。さら

に800円で買って750円で損切りしていますので三度脳は不快な感情を感じることになるのです。そして最後に700円で買った株を1100円で利食いして、ようやく快の感情を感じることができるのです。

　正しい逆張りでは1回の快の感情に対して3回の不快の感情を感じます。間違った逆張りでは1回の快の感情のみを感じます。

　人間は不快な感情を嫌いますので、正しい逆張りよりも間違った逆張りを好む性質があるのです。

　勝率が100％で快を感じ100円の利益が出たことで快を感じる。こんなに素晴らしいことがあるでしょうか。まさに夢の世界なのです。利益は少ないけれど非常に高い勝率で脳は快を感じとても楽しい状態が続くのです。

　しかし、本当にこれでいいのでしょうか。株式投資を趣味で行い塩漬け株は放置して買値に戻った株だけを売り、そこそこの利益で満足するのであれば、間違った逆張りでもよいのかもしれません。この方法をとっている限り表面上脳は不快な気持ちになりません。

　対して、正しい逆張りを行ったときは3回の不快な感情を脳は感じます。しかし、合計利益は間違った逆張りよりも多くなるのです。

　100円の利益と250円の利益ではどちらの利益を望みますか。もちろん250円の利益ですよね。不快な感情を受けながら多くの利益を取るか、快の感情のみを感じながら少ない利益を手にするか、このどちらを選びますかという話ではなく、私は快の感情を受けながら、多くの利益を得る方法を考えていきたいと思います。

●勝率100％で夢を見るか、勝率25％で夢をつかむか

　ここまでお読みになったみなさんは正しい逆張りを行えば結果多くの利益を得られることがおわかりになったと思います。つまり小さな損失を出しているときは失敗ではなく大きな利益を得るための途中経過でしかないということです。

　小さな損失は大きな成功のための小さな成功なのです。小さな損失をこれからも続く失敗だと思うから不快な感情になるのです。小さな損失は小さな成功なのですから喜ぶべき出来事なのです。

　私はこの本を読んでいただいたみなさんに儲かる株式投資をしていただきたいと思っています。株式投資は趣味で終わらせるにはもったいない魅力を持っています。楽しみながら脳を快にして儲ける手法を身につけていただきたいのです。

　もう一度言います。株式投資において快と感じることはもちろん儲かることです。そして不快と感じることは損をすることです。最終的に大きな利益を得ることが脳にとって一番快と感じることなのです。一番快となることが一番嬉しいことであり一番儲かることなのです。間違った逆張りを続けていると夢を見ることはできても夢をつかむことはできません。

　夢は見るものではありません。夢は自分の手でつかむものなのです。

　勝率100％で夢を見るか、勝率25％で夢をつかむか、それはあなた次第なのです。

　ぜひ、夢をあなたの手でつかんでください。私はそのお手伝いをさせていただきます。

リスクヘッジを知らない人は損をする

　今まで見てきたことで人間という生き物は誰でも簡単に「へっぽこトレーダー」になれるということがわかりました。

　「へっぽこ」なんていう言葉を使う人は少ないかもしれないので「へっぽこ」の意味を調べてみましょう。

●簡単に損をするなら、簡単に儲けられる?

　「へっぽこ」とは辞書によると「技芸・技術の劣っていること。役に立たないこと。また、そのさまや、その人。多く、あざけっていう語」ということです。

　へっぽこトレーダーとは、投資に対しての技術を持っていないトレーダーであり、株式投資においてまったく役に立たない人たち。

　初めて株式投資を始めようと思ったときはチャートを見て、「株価が底になったときに買って株価が天井になったときに売ればいいんだな。こんなのすごく簡単じゃん。これなら俺にだってできる。すぐに今の資金が倍になっちゃうんじゃないの」などと甘い考えを持ってしまった人も多いのではないでしょうか。

　実はこの私もそのうちのひとりなのです。この序章に書いてあるように私も簡単に確実にへっぽこトレーダーになることができました。私にでも簡単になることができるのですから、多くの投資家のみなさんも簡単にへっぽこトレーダーになることができる

と思います(笑)。

へっぽこトレーダーになることができた私は考えました。

「こうも簡単に損をするということは、考え方を変えれば簡単に儲かるようになるのではないだろうか」このように考えた私は投資に関する情報を集め始めました。そして数カ月後、儲けるために必要なことを見つけたのです。

それはとても簡単なことでした。

株式投資で儲けるために、必要なことは株式投資の勉強をすること。

たったこれだけの簡単なことだったのです。

株式投資の世界には多くのプロたちが参加しています。プロと呼ばれる人たちは経験はもちろんですが、知識も豊富であり、先輩たちから多くのことを学んでいます。そして何より一般投資家に比べて多くの情報がいち早く入手できるというメリットがあります。

経験豊富、知識豊富、情報豊富という3拍子が揃っているのですから我々のような一般投資家と比べると非常に有利な立場で取引ができるわけです。

そのようなプロたちを相手に儲けていかなければならないのです。経験も、知識も、情報も少ない一般投資家が何の戦略も持たずに勝てるような世界ではないのです。

我々が株式相場において儲けるためにはプロたちと同じ方法で売買をしていては儲かりません。プロたちとは違う戦略で挑んで

いかなければならないのです。

しかし、プロたちからも多くのことを学び、まねすべき戦略も存在します。

そのひとつがリスクヘッジという考え方です。

●プロに学ぶ、リスクヘッジ

リスクヘッジとは、株式投資において危険（リスク）が想定される場合に、あらかじめ何らかの回避策や打開策を用意しておくことです。

ヘッジ（hedge）とは、「押さえ」「保険」「つなぎ」といったような意味です。またヘッジとは「生垣」のことで、「食い止める」意からきています。

ヘッジだけでも意味はほぼリスクヘッジと同じなので、リスクヘッジを単にヘッジということがあります。危険を回避すること全般をリスクヘッジといい、具体的に先物取引などを行ってリスクヘッジすることをヘッジということもあります。

詳しくは後の章で書きますのでここでは簡単に説明をしておきます。

相場の原理原則を知っている人であれば株価が上昇トレンドにある場合だけ株式を買います。株価が下落トレンドにある場合に買うことはしません。しかし、上昇トレンドとはいっても一本調子で上昇していくのではなく200円上げたら100円の調整をし、さらに200円上げて100円の調整をする、というようにジグザグを繰り返しながら上昇していきます。

上昇中の調整（押し目）は常に一定の割合で起こるのではなく、200円上昇した後に50円下落することもあれば、300円上昇した後に200円の下落ということもあります。
　また200円上昇した後に300円の下落をすることもあるのですね。200円の上昇をしたところで買った場合、その後300円の下落をすると大きな含み損を抱えることになります。前もって300円下がることがわかっていれば買ったりはしないのですが、その場では下がるかどうかはわかりません。ここで300円の下落があってもあわてずに対処できるようにする方法がリスクヘッジなのです。
　株式投資というのはリスクを許容してはじめて利益につながるのです。つまりどれだけのリスクを取れるかというのがポイントになってくるのです。しかし、リスクを取れば取るだけ儲かるというものでもありません。リスクを取った分だけ損失になる可能性が高くなります。リスクヘッジとは、損失になる可能性を和らげようとする方法なのです。

　株式投資をしていると多くの人がストレスを感じます。そしてそれは株式投資を続けられなくなるくらい大きなストレスになる場合があります。しかし、このリスクヘッジを知っているということだけで最小限のストレスに抑えることができるのです。
　楽しいはずの株式投資でストレスを感じて病気になるのでは元も子もありません。楽しく快適に儲けるためにリスクヘッジは我々の手助けをしてくれるパートナーとなるのです。

第1章 これだけは知っておけ!
個別銘柄の選択方法と
　　　　エントリータイミング

ファンダメンタルとテクニカル 勝つのはどっち？

　我々が株式投資を行うとき、参考にする分析方法には大きく分けてファンダメンタル分析とテクニカル分析の2つがあります。なかにはファンダメンタルもテクニカルも使わずにネットの掲示板に載っている多くの人の意見などを参考に売買している人もいるようですが。

●プロに一歩後れを取るファンダメンタル

　ファンダメンタル分析とは、会社の業績や事業内容を分析し、会社の経営状態の良し悪しから今後の株価の動きを予測したり経済指標を元に今後の分析をしたりすることです。

　テクニカル分析とは、過去の株価や値動きからパターンを探り、今後の株価の動きを予測することです。会社の業績等は見ずに株価がどのように動いているのか、今の株価が高いのか安いのかだけを分析し売買する方法です。

　ファンダメンタル分析を行う場合には株価が変動する原因を知らなければなりませんが、テクニカル分析の場合には何が原因で株価が動いたのかを知る必要はありません。テクニカル分析ではすべての株価変動要因は価格に内包されると考えます。つまり株価変動にファンダメンタルの要因も内包されるので、株価変動だけを分析することが相場分析をする上でもっとも効率的であるという考え方です。

ファンダメンタル分析だけで株式投資を行う人もいればテクニカル分析だけで株式投資を行う人もいます。どちらが優れているかは一概に言うことはできませんが、我々のような一般投資家にファンダメンタルの情報が入ってくるのはプロの投資家よりもかなり後になるのは確かです。

　つまり我々がファンダメンタルだけで株式投資をするのはかなり不利であるということが言えるのです。

●プロと同条件で投資できるテクニカル

　デイトレでテクニカル分析を使って株式投資を行う場合は、プロであろうと一般投資家であろうとほぼ同じタイミングで株価の動きを知ることができます。

　テクニカル分析であればプロも一般投資家も同条件で株式投資をすることができるのです。

　この本ではファンダメンタル分析による手法ではなくテクニカル分析による手法で、株式投資で儲ける方法を書いていきます。

　そしてテクニカルに使うチャートは日足をベースにした手法で行いますので、プロと全く同じ条件での株式投資を行うことができるのです。

　我々一般投資家が株式投資をする場合にファンダメンタル分析とテクニカル分析勝つのはどっちか？　と問われれば、私は迷わずにテクニカル分析だと答えます。

　ここから先は実際に株式投資を行う方法を書いていきますのでコーヒーでも飲んで一服してからじっくりと読んでくださいね。

トレンドのビッグウェーブを見分ける術

　ビッグウェーブとは大きな波のことですね。トレンドのビッグウェーブという言葉だけでなんとなくこの章で伝えようとしていることがわかると思います。

●株価の波動を見極める

　私たちの日常生活にはこの波がたくさんかかわっています。海の波はもちろんのこと、ラジオ、テレビ、電話、その他の通信など「電波」という波が飛び交っています。これらの波の動きを「波動」といいます。

　波動は「周波数」「波長」「波形」「振幅」という4つの要素で把握・認識されています。そしてその無数の波動のうち、波動の形態は「物質波」「電磁波」「磁気波」の3種類があります。

　この世の中の物質は、有機質でも無機質でもすべての物は分子の集合体でできています。このことは中学校で習っているのでみなさんご存じでしょう。

　たとえば「水」はH_2Oと表示します。2個のH（水素原子）と1個のO（酸素原子）が結合してできています。

　原子はそれぞれ「原子価」という手を持っていて、他の原子といくつ結合できるかが決まっています。Oは2つの手を持っていてHはひとつの手しか持っていないのでH_2Oになります。

　今の科学では高性能の電子顕微鏡で見られる限界は原子までで

す。しかし原子を見ることはできるのですが、原子を持つことはできないのです。

　原子は、原子核の周りを電子が飛び回ってできています。原子核という物質（粒子）が野球のボールくらいの大きさだとするとその周りを飛び回る電子の外周軌道は東京ドームの大きさに匹敵するのです。つまり、原子のほとんどは空間なのです。

　原子というのは「もや」のようなものなのです。その「もや」のような空間を電子が飛び回っているだけなのです。

　この原子核や電子はエネルギーの固まりです。つまりエネルギーとは波なのです。この世の中のものはすべて波でできていて、波動になります。株価のチャートも波を描きながら動いていきます。まさに波動そのものなのですね。

　この世の中のものがすべて波動でできているのですから、株価の波動を見極めることができれば今後の株価がどう動くのかは簡単にわかるのではないでしょうか。

　株価の波は、上昇下落を繰り返しながらトレンドを形成していきます。

●トレンドは指標ではなく、株価の動きで特定する

　まずはトレンドの定義についてお話します。
- 「トレンド」とは、ある一定期間においてある一定方向に株価が動くことをいいます。
- 「トレンド」は常に時間との比較によって定義されます。
- 「トレンド」には、上昇トレンド（次ページ図1）と下降トレンド（45ページ図2）、横ばいのトレンドの3つがあります（45ペ

ージ図3)。

※横ばいのトレンドのことをトレンドレス(トレンドがない)と呼ぶこともあります。

　株式投資では、順張りでも逆張りでも上昇や下落がなければ利益を取ることはできません。上昇トレンドのときに買い仕掛け、下降トレンドのときに売り仕掛けができれば利益を上げることができます。しかし、横ばいのトレンドのときに仕掛けても利益には結びつきません。

　トレンドというのは当日のトレンド、過去5日間のトレンド、過去1カ月間のトレンド、過去1年間のトレンドなどのようにすべての時間軸において発生します。

　個別銘柄のスイングトレードの場合には過去1カ月程度のトレンドを利用しますが、デイトレードの場合にはそこまでの長い期間のトレンドを利用する必要はありません。

図1　上昇トレンドの例

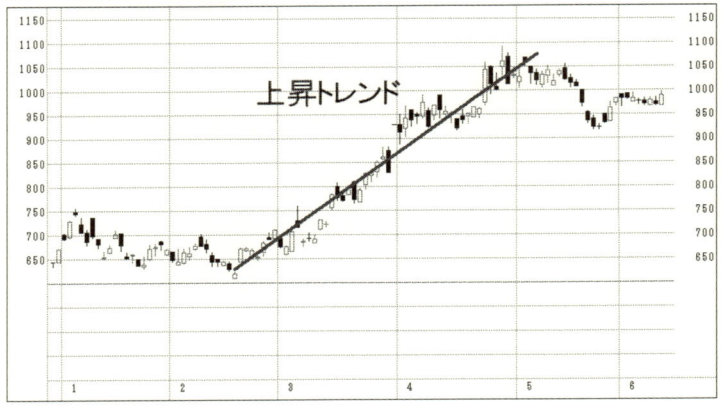

図2 下降トレンドの例

下降トレンド

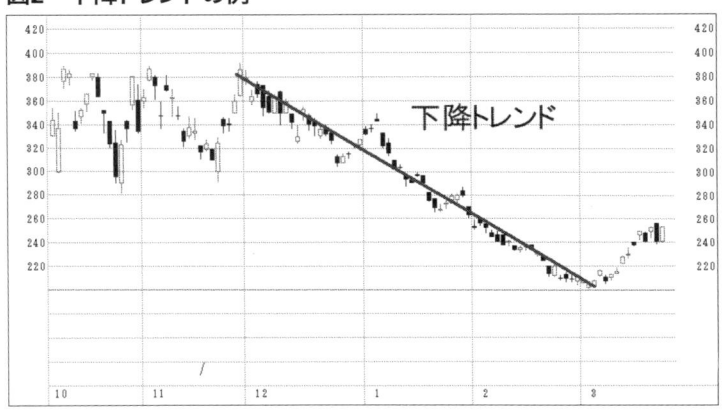

図3 横ばいのトレンドの例

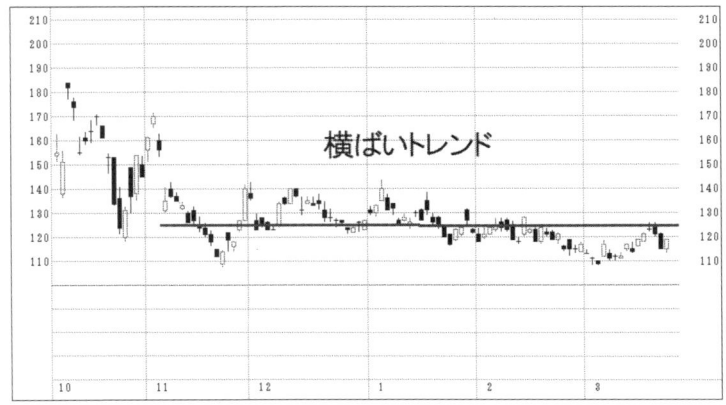

横ばいトレンド

自分がどのようなトレードをするかによってトレンドを特定する時間軸を選択することになります。この本では日足をベースにした6カ月程度のトレンド判断を利用します。
　では、トレンドはどのように判断すればよいのでしょうか。
　これは極めて重要な問題です。多数ある指標の中からトレンドの方向性を特定する指標を選ぶことになります。しかし、同じ株価の動きをしていても指標によって上昇トレンドだったり横ばいのトレンドだったりすることがあります。トレンドを特定するための基本は指標で特定するのではなく株価の値動きで特定する方法です。

●株価の高値・安値の判断方法

　まずは株価の高値・安値の判断方法を覚えましょう。
　次ページの図4をご覧ください。このチャートのAで買ってBで売り返済すれば大きな利益になります。
　この株の単位株が100株だとした場合、最低単位での売買で、9100 − 7010 = 2090となり、209,000円の利益になります。同様にBで売ってCで買い返済すると61,000円の利益が出ます。Cで買ってDで売り返済、Dで売ってEで買い返済、これも大きな利益になります。
　しかし、Aの日にAが安値であることはわかりません。同様にBの日にBが高値であることはわかりません。
　ではAが安値であるとわかるのはいつになるのでしょうか。わかりやすい方法では安値から10％株価が上昇したら直近の安値を底にする方法があります。

図4

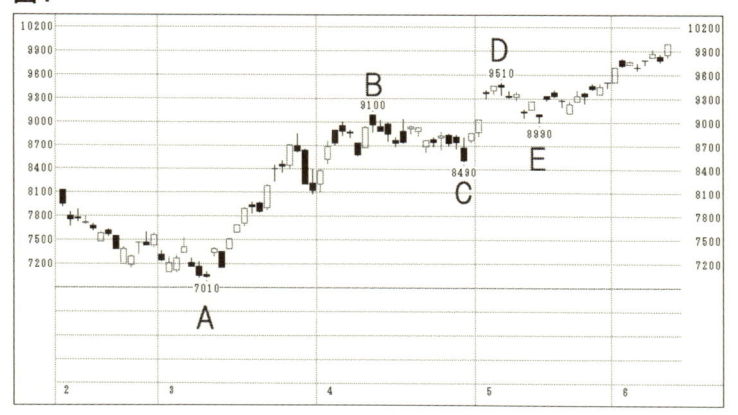

上のチャートですとAの7010円から10％の上昇となると7711円ですからAから4日後に安値がわかるということになります。Bが高値であるとわかるのは8190円ですから、Cの時点でもBが高値であったとはわかりません。Cが安値であったとわかるのは9339円ですからCから3日後ということになります。

A－Bのように大きな上昇幅がある場合は、安値から10％上昇した時点で買っても十分な利益を得ることができますが、C－Dのように上昇幅が12％程度しかない場合は10％上昇してから買っても最高で2％の利益しか得ることができません。Dが高値であるとわかるのはDから10％下がった時点ですから実際には2％の利益どころか損失になるのです。

利益を上げるためには、株価が10％上昇してから買っては間に合わないのです。

大きな利益を得るためには株価の高値・安値の判断は10％で

はなくもっと小さな動きにする必要があります。しかし、判断基準を1％とか2％など非常に小さな数値にすると高値と安値の転換がすぐに起きることになり天底の判断をすることができなくなってしまいます。銘柄によってはよく動く銘柄もあるし、動きの鈍い銘柄もありますので各銘柄に合わせて4％〜10％の範囲で設定をするのがよいでしょう。

高値・安値の判断方法は、％を使った方法とは別の方法もありますが、ここでは％を使った方法だけを覚えておけばよいでしょう。他の方法について知りたいという人は、他の書籍等で研究してみてください。自分で調べるのが面倒という人は、相場塾（189ページ参照）で学ぶこともできます。

●波動のピーク・ボトムでトレンドを判断する

株式投資で儲けるためには高値安値の判断も重要ですが、トレンドの方向を見極めることはさらに重要なことです。

上昇トレンドのときに売りでエントリーしても勝てる可能性は低くなります。逆に下降トレンドのときに買いでエントリーしても勝てる可能性は低くなります。

上昇トレンドのときには買いでのエントリーだけ。下降トレンドのときには売りでのエントリーだけ。これが儲けるためのトレードの基本となります。

次ページの図5をご覧ください。

このチャートは日経225先物の日足チャートです。日経225先物はラージ1枚で取引をした場合、10円の値動きがあると10000円の利益を得ることができます。詳しくは後述します。

図5

　株価はAからBまで一貫して下げ続けています。この期間はキレイな下降トレンドを形成していますね。この下降トレンドを認識できれば大きな利益を上げることができます。

　しかし、この話は現実的ではありません。日経225先物はSQで必ず手仕舞いしなければなりませんし、エントリーから1000円の利益が出たらほとんどのトレーダーは利食いをするのが普通です。1000円動くとラージ1枚で100万円の利益になるのですから。

　ここで言いたいことは、トレンドは非常に重要だということをわかっていただきたいのです。トレンドに沿った売買をすれば儲かる可能性が非常に高くなるということです。

　上昇トレンドを見るとBからCにかけても3000円程度上昇しています。ここでもトレンドの転換がわかれば大きな利益を得る

ことができるのです。

　トレンドの判断をするためには、先ほどの高値と安値を利用します。

　高値から次の安値までを小さなひとつの波動とします。波動の高値安値（ピーク・ボトム）はとても重要です。しかし、トレンドの判断においてはすべてのピーク・ボトムが重要であるとは言えないのです。

　次ページの図6をご覧ください。先ほどの図5の一部を拡大しています。

　トレンドの判断は高値・安値の切り上げ・切り下げによって行います。直近の高値がひとつ前の高値を切り上げ、さらに直近の安値がひとつ前の安値を切り上げたら上昇トレンド入り、直近の安値がひとつ前の安値を切り下げ、さらに直近の高値がひとつ前の高値を切り下げたら下降トレンド入りとなります。

　図6では12510円の安値をBの12930円の安値で切り上げました。その後Aの高値13910円をB－Cの途中で上抜きましたのでこの時点で上昇トレンド入りとなります。しかし、Cからの下落で再びBを下抜き、DがBを切り下げたので下降トレンドに逆戻りとなります。

　EはCを切り下げていますので下降トレンド継続です。FでDの安値を切り上げ、GでEの高値を切り上げました。この時点で上昇トレンドに転換したと見なします。

　このチャートで重要なピークはC，G，I，Kになります。AやEは重要ではありません。高値Cは下降トレンドで初めて直近の高値を切り上げたピークなので重要です。

図6

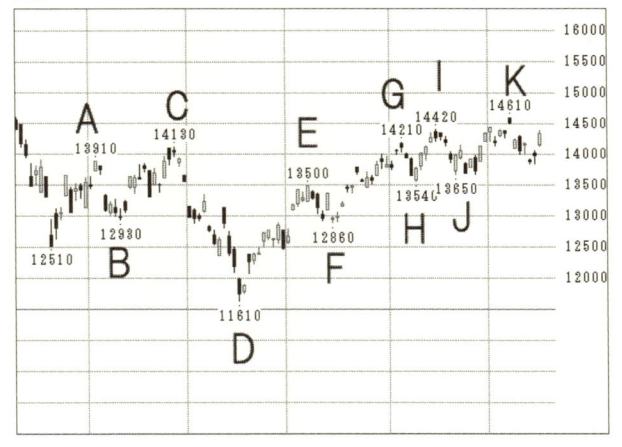

Eは上昇トレンドと判断したときのスタートのピークになるのでAよりは重要度は高くなります。G．I．Kは上昇トレンドで新高値をとったピークとなります。そしてF．H．Jはその出発点になるのでこれも重要なボトムになります。

このようにトレンドの判断は波動のピーク・ボトムを利用して行います。トレンドの判断というのはわかってしまえば非常に簡単です。

トレンドが下落トレンドから上昇トレンドになるのを見分けるのはたったこれだけのことなのです。後は上昇トレンドのビッグウェーブに乗っていけばいいだけですね。

トレンドのビッグウェーブの乗りこなし方

　トレンドの見極め方についてはおわかりになったと思います。
　いよいよビッグウェーブの乗りこなし方について述べていきます。トレンドのビッグウェーブをつかまえることができ、その波に乗ることができれば非常に大きな利益を得ることができます。大波を乗りこなすレッスンをさっそく始めましょう。

●高値切り上げ・安値切り上げパターンなら、直近高値を抜く確率55.8%

　上昇トレンドとは高値が切り上がり安値も切り上がった状態を言いますね。買いで入る場合は上昇トレンドで買うのが基本です。では、なぜ下降トレンドで買ってはダメなのか。上昇トレンドで買わなければならないのかを述べます。
　図7をご覧ください。この図は株価の高値切り上げと高値切り下げ、安値切り上げと安値切り下げのパターンを表しています。
　株式を買うときにこの高値と安値の条件はどのようになっているときに買うのがよいでしょう？
　分類してみると図にある4つになりますね。
　1　高値切り下げ－安値切り下げ
　2　高値切り上げ－安値切り下げ
　3　高値切り下げ－安値切り上げ
　4　高値切り上げ－安値切り上げ

図7

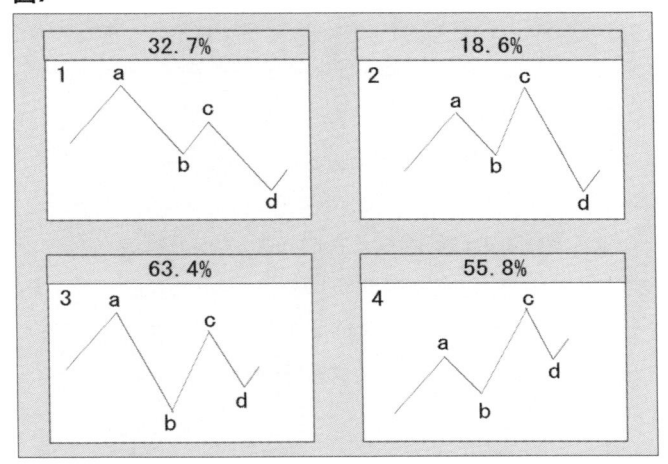

```
  ┌─────────32.7%─────────┐   ┌─────────18.6%─────────┐
  │ 1    a                │   │ 2      a      c       │
  │    /\    c            │   │      /\      /\       │
  │   /  \  /\            │   │     /  \    /  \      │
  │  /    \/  \           │   │    /    \  /    \     │
  │         b  \          │   │          \/      \    │
  │             d         │   │          b        d   │
  └───────────────────────┘   └───────────────────────┘
  ┌─────────63.4%─────────┐   ┌─────────55.8%─────────┐
  │ 3    a                │   │ 4            c        │
  │    /\      c          │   │      a      /\        │
  │   /  \    /\          │   │    /\      /  \       │
  │  /    \  /  d         │   │   /  \    /    d      │
  │        \/             │   │        \ /            │
  │         b             │   │         b             │
  └───────────────────────┘   └───────────────────────┘
```

この4つのパターンのうちどのパターンが一番上昇しやすいでしょうか?

各図の上にパーセント表示を入れてあります。このパーセント表示は直近高値である「C」を上抜く平均確率です。これで見ると「3」のパターンが、一番確率が高いですね。そして次に「4」となっています。「1」と「2」は非常に低い確率となっています。

「1」は「C」を上抜く確率が高くても3割ちょっとなのです。野球の打者ならイチローに近い高打率ですが、相場では全然ダメですね。「2」は問題外です。つまり「1」と「2」のパターンの場合には買ってはいけないということです。

では、「3」と「4」は買ってもよいのでしょうか?

「3」はaからcで高値が切り下がりました。そしてbからdで安値が切り上がっています。つまりc−dとa−bの関係が「はらみ」

になっているのです。

　「はらみ」というのは上にも下にも変化する「つなぎ」という特性を持っています。cを上抜いてもすぐに下に行く確率も高いのです。そして上抜き率が63.4％となっていますが、これは直近の高値が切り下がっているので上抜きしやすくなっているために高い確率が出ているだけなのです。

　そうなると残るのは「4」だけとなります。相場は利益を上げるためにやるものですから確率の低いパターンには手を出してはいけません。「4」のパターンだけが上昇トレンドなのです。他のパターンはすべて上昇トレンドではありません。上昇トレンドで買う理由はここにあるのです。

　個別銘柄を選出するときには、必ずこの「4」のパターンである高値切り上げ・安値切り上げになっていることを確認してくださいね。50％から上の5.8％が私たちに多くの利益をもたらしてくれるのです。売りの場合は逆で、高値切り下げ・安値切り下げを確認して売ることになります。

●下降トレンド突入の合図

　上昇トレンドで買う理由をもうひとつ挙げます。

　次ページの図8をご覧ください。トレンドとはいくつかの波動がつながってでき上がります。図の上昇線1→1'、2→2'は上昇トレンドにある場合の重要な上昇波動となります。これらの図でもっとも利益が大きいトレードはもちろん1付近で買って1'付近で利食い、2付近で買って2'付近で利食いです。

　万が一、1で買うのをためらい1'付近で買ったとしても2が1を

図8

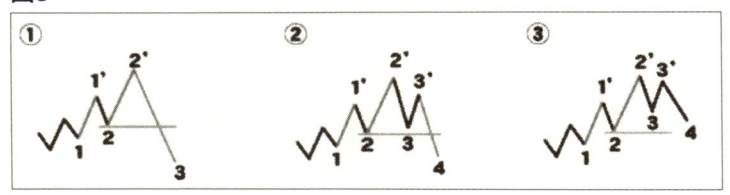

① ② ③

割り込んでいないので上昇トレンドは継続し2'付近で利食いすることができます。

　一番右の図ではまだ2を割り込んでいないので上昇トレンドは継続、4は現在進行中であり今後2を割り込むことなく上昇すれば上昇トレンドは継続します。しかし2を割り込んでくると上昇トレンドは終了し、下降トレンドに突入となります。つまり、買いのトレーダーが利食いできない環境になったときに上昇トレンドが終了し下降トレンドに入ったと言えるのです。

　相場が上昇トレンドであるときは、その相場で買いに入ったトレーダーは全員が利食いできる環境を与えられます。つまり、買いのトレーダーが利食いできない環境になったときに上昇トレンドが終了し下降トレンドに入ったと言えるのです。

　このことは非常に単純なことなのですが、このことを理解していないトレーダーが多いのにはちょっと驚きます。これがわかれば下降トレンドで買おうという気持ちになんてならないでしょう。

●下降トレンドから上昇トレンドへの転換を示す2パターン

　上昇トレンドが利益を上げられるパターンであることがわかり

ました。

　では次に、下降トレンドから上昇トレンドに転換する場合のパターンを見てみましょう。

　上昇トレンドに転換するパターンを理解できれば株式投資において利益を上げられる可能性が非常に高くなります。

　下降トレンドから上昇トレンドに転換するということは高値が直近の高値を切り上げ、さらに安値が直近の安値を切り上げるということでしたね。

　この高値切り上げ・安値切り上げには2種類のパターンがあります。

　図を見ながら説明します。

　次ページの図9をご覧ください。

　H3→H2→H1と高値が連続して切り下がっています。そして安値はL3→L2と切り下がっています。安値をL2→L1と切り上げた後、株価はH1を上回りH0まで上昇し、反落します。

　まずL2→L1と安値の切り上げが確定しその後H1→H0と高値の切り上げが確定します。

　H0で高値確定と書きましたが、実際には高値切り上げ・安値切り上げが確定する時点は黒丸で示している場所です。黒丸のあとどこまで上昇するかはわかりません。実際は黒丸のあとすぐにH0をつけ反落する場合もあります。

　H0からの下落でH0が確定しますが、H0の確定を待たずにH1の高値を上抜いた時点でトレンドの転換が確定するのです。

　ではもう一つのトレンド転換を見てみましょう。

　次ページの図10をご覧ください。

図9

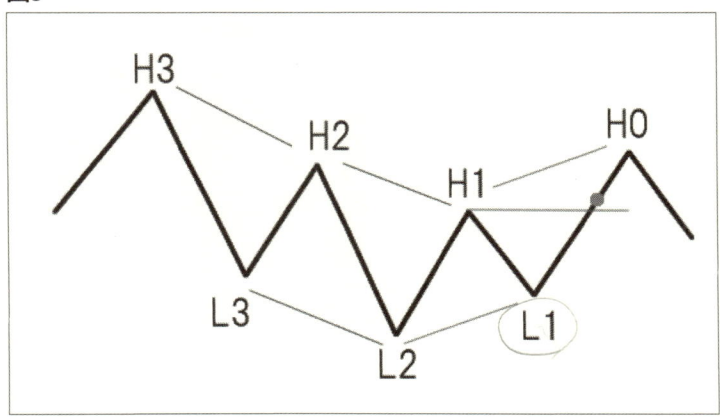

図10

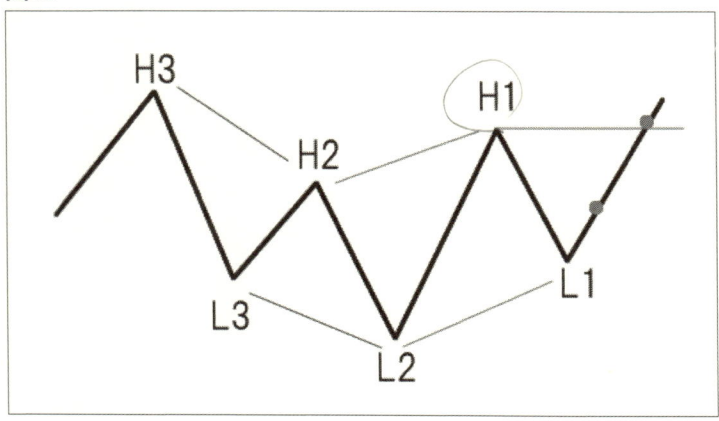

第1章 これだけは知っておけ！ 個別銘柄の選択方法とエントリータイミング

H3→H2と高値を切り下げます。その後L3→L2と安値も切り下げます。安値が切り下がった後にH2→H1と高値を切り上げ、続いてL2→L1と安値を切り上げL1からの上昇でH1を上抜き高値切り上げ安値切り上げが確定します。L1の後の上昇でH1を上抜かずにL1を下抜く動きになると下降トレンドへ逆戻りとなってしまいます。このパターンの場合はH1を上抜いた時点で買うのでは遅すぎます。

　L1のボトムが確認できた時点で買うと大きな利益を得られることになります。

　お気づきだとは思いますが、図9の転換ではL2→H1→L1という3点で上昇トレンドに転換するのに対し、図10ではH2→L2→H1→L1という4点を経てはじめて上昇トレンドに転換するのです。

　図9のパターンのほうがより早く上昇トレンドへの転換を察知できるのです。

　この2つのパターンをしっかりと頭に入れてトレンドのビッグウェーブを乗りこなしてくださいね。

株価にとって移動平均線は恋人のようなもの

　移動平均線は多くの利益を私たちにもたらしてくれます。そうなると常にそばにいてほしい、いつも一緒にいたいと思う恋人のようなものですね。

　早速、最愛の恋人の姿を拝見しましょう。

●75日線に離れては戻る、を繰り返す株価

　次ページの図11をご覧ください。

　この図が恋人である75日移動平均線と株価の相関関係です。

　株価は75日移動平均線を中心に図のように動くのです。株価は75日移動平均線から少し離れると淋しくなってまた75日移動平均線まで戻ってくる。そしてまた離れていく。これを繰り返していくのです。

　夫婦ですと一年中同じ屋根の下で暮らしていますが、恋人同士は一緒にいる時間もあればしばらく会わずに離れている時間もあります。そして離れていると淋しくなって相手の元に戻ってくるのです。

　株価と75日移動平均線は本当に恋人のような関係だと思いませんか？

　では図の説明に入りましょう。

　どの銘柄でも株価は原則図のような動きになります。上昇トレンドのモデルは、今まで下降トレンドであった株価がAで底を打

図11

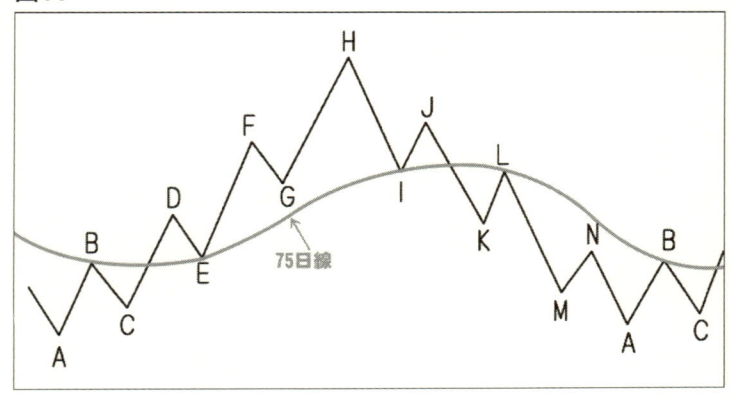

ち、Bで75日移動平均線まで上昇します。

　そしてCまで反落し、その後75日移動平均線を上回ってDまで上昇します。この時点で今までの下降トレンドは終了し上昇トレンドに転換します。Dまでの上昇をした後は75日移動平均線まで押し目を形成しEをつけます。その後はF－G－Hという動きになります。

　下降トレンドのモデルは、上昇トレンドであった株価がHで天井をつけた後、75日移動平均線まで下落しIをつけます。その後Jまで戻し75日移動平均線を下回ってKをつけます。この時点で上昇トレンドは下降トレンドへと転換します。Kまで下げた株価は75日移動平均線まで戻しLとなります。その後はM－N－Aという動きになり再び大底となります。

　トレードの基本は

　①株価が75日移動平均線より上に位置しているときは買いだ

けを考える
　②株価が75日移動平均線より下に位置しているときは売りだ
　　けを考える
です。
　では、買いを考えるときというのはどのようなときなのでしょうか。

●上昇トレンドに転換し、初めての下落は75日線まで押す

　トレンドのビッグウェーブを見分ける術で述べたとおり上昇トレンドの場合のみ買いを考えるのでしたね。

　図で見るとA－Cで安値を切り上げB－Dで高値を切り上げていますので、上昇トレンドになるのはDからHまでです。DからHにかけて75日移動平均線とラブラブな状態にあるのはEですね（ラブラブなんてもう死語ですね）。

　Bからの押し目であるCは、BからAまでの株価のどこで下げ止まるのかはわかりません。Bからいくら下がったら買えばいいのかは非常にわかりづらいのです。そしてCは75日移動平均線よりも下に位置していますので買う条件を満たしていません。

　次に押し目であるGは、75日移動平均線よりも上に位置していますので買いの条件は満たしていますが、75日移動平均線の上側のどこで下げ止まるのかはわかりません。Fからいくら下がったら買えばいいのかは非常にわかりづらいのです。75日移動平均線の価格で待っていても75日移動平均線までは下がってこないことが多いのです。

このことからCでは買ってはいけないということがわかりGで買うことは上級者でなければ無理であるということになります。これがわかるようになるには非常に多くの鍛錬が必要になりますのでこの本では説明をしません。本書では一番簡単で確実な買いの方法を覚えていただきたいと思います。

　<u>ズバリ上昇トレンドの場合は、株価が75日移動平均線まで押したら買う、つまり上昇トレンドに転換した初めての下落は75日移動平均線まで押しますので、このEまで株価が下落したら買えばいいのです。</u>

　このモデル図は株価の基本的な動きを表しています。図では大底のAからHまで記入してありますが、実際の株価の動きはHまで上昇せずにDで天井をつけ下落することもあれば、Fで天井をつけ下落し、下降トレンドに転換することもあります。

　Dで天井をつけた場合には同じ株価にDとJが記入されることになります。Fで天井をつけた場合には同じ株価にFとJが記入されることになります。

●下降トレンドの場合は、75日線まで戻したら売り

　次に、売りを考えるときというのはどのようなときなのでしょうか。

　トレンドのビッグウェーブを見分ける術で述べたとおり下降トレンドの場合のみ売りを考えるのでしたね。

　図で見るとH−Jで高値を切り下げI−Kで安値を切り下げていますので下降トレンドになるのはKから次の大底のAまでです。KからAにかけて75日移動平均線と一番イチャイチャしている

のはLですね。イチャイチャも死語か（笑）。

　Iからの戻しであるJはIからHまでの株価のどこまで上昇するのかはわかりません。Iからいくら上がったら売ればいいのかは非常にわかりづらいのです。そしてJは75日移動平均線よりも上に位置していますので売る条件を満たしていません。

　次に戻しであるNは75日移動平均線よりも下に位置していますので売りの条件は満たしていますが、75日移動平均線の下側のどこまで戻すのかはわかりません。Mからいくら上がったら売ればいいのかは非常にわかりづらいのです。75日移動平均線の価格で待っていても75日移動平均線までは上がってこないことが多いのです。

　このことからJでは売ってはいけないということがわかりNで売ることは上級者でなければ無理であるということがわかります。Nでの売り場がわかるようになるには非常に多くの鍛錬が必要になります。本書では一番簡単で確実な売りの方法を覚えていただきたいと思います。

　<u>ズバリ下降トレンドの場合は、株価が75日移動平均線まで戻したら売る。つまり下降トレンドに転換した初めての上昇は75日移動平均線まで戻しますので、このLまで株価が上昇したら空売りすればいいのです。</u>

　先ほども述べたようにこのモデル図は株価の基本的な動きを表しています。図では天井のHから大底のAまで記入してありますが、実際の株価の動きはAまで下落せずにKで大底をつけ上昇することもあれば、Mで大底をつけ上昇し、上昇トレンドに転換することもあります。Kで大底をつけた場合は同じ株価にKと

Aが記入されます。Mで大底をつけた場合には同じ株価にMとAが記入されます。

　またモデル図ではBの位置で株価が75日移動平均線とタッチしていますが、実際の株価の動きは完全に75日移動平均線にタッチしたところで上昇が終わり下落するのではなく75日移動平均線のちょっと下で反落することもあれば75日移動平均線を超えてから上げ止まり下落することもあります。

　Eも同じように75日移動平均線まできっちりと押し目をつける場合もありますが、75日移動平均線よりもちょっと上で押し目が終了することもありますし、75日移動平均線を下回ったところで押し目が終了することもあります。Gに関してもモデル図では75日移動平均線より上にカイリして押し目が終了していますが、75日移動平均線まで押すこともあります。

　下落トレンドについても同じことが言えるので、Iは75日移動平均線にタッチしないで下落が終了することもあれば75日移動平均線を下回って下落が終了となることもあります。

　ここらへんが実際の株価をこのモデル図に当てはめるときに迷ってしまう理由になると思います。多くのチャートにモデル図を当てはめる練習をすると簡単に記号を記入できるようになりますのでできるだけ多くのチャートをご覧ください。

　次の項では実際のチャートにモデル図の記号を当てはめて私たちのふところを潤してくれる買うべき場面売るべき場面を覚えることにしましょう。

度胸一発、絶対に買わなければいけないチャートはこれだ！

この項では実際の株価の動きに先ほどのモデル図に載っている記号を当てはめて、大きな利益の取れる場面を覚えることにしましょう。

もう一度60ページのモデル図をご覧ください。

●モデル図に重ねてみれば一目瞭然

それでは実際の株価の動きを見てみましょう。

下の図12をご覧ください。この図は双日（2768）の2008年9月～2009年6月までのチャートです。

図12

このチャートには載っていませんが、株価は2008年4月30日に428円の高値をつけた後大きく下落しています（後で下落の説明でチャートを掲載しますのでご確認ください）。

　2008年11月に117円の安値をつけMになりました。その後は2009年1月に75日移動平均線まで上昇し、Nをつけ反落しその後は2009年2月25日に103円の大底をつけ上昇トレンドへと入っていきます。

　2009年3月に136円となり75日移動平均線まで上昇し117円まで反落しCとなり、その後は75日移動平均線を上抜き159円であるDとなりました。そしていよいよ2009年4月23日に最大の買い場であるEになります。このときの株価は139円です。

　その後はF-G-Hの動きとなりました。Hでは239円をつけEからの上昇は100円という大きな上昇となっています。上昇率はなんと71％です。

　次ページの図13をご覧ください。

　買いで説明したものより以前の期間のチャートです。MとNは先ほどのチャートと同じ日付です。

　2008年4月30日に428円の高値をつけJとなりました。モデル図では天井はHとなっていますが、このときの上昇はDまでしか伸びずに下降トレンドに転換しましたので428円の高値はDでありJであるということになりました。

　Jの後は378円まで下落し418円まで戻しました。この378円は75日移動平均線を割っていないのでKとはなりません。418円の高値の後75日移動平均線を割り込み358円のKとなり2008年6月17日に最大の売り場であるLをつけました。

図13

2768 双日
2008年4月〜2009年1月

　その後はご覧のとおり75日移動平均線まで戻すことなくMの117円まで大きな下落となりました。このチャートの後のAでは103円の安値をつけています（図12をご覧ください）。
　Lの382円からAの103円までの下落は279円であり、382円から見ると73％もの下落となっています。
　このようにモデル図をチャートに当てはめることができれば非常に大きな利益を得ることができるのです。
　ここでは紙面の関係からひとつの銘柄だけを掲載しましたが、他のチャートにも当てはめて確認してください。目からうろこになること請け合いです。

●モデル図に合わない銘柄は除外する

　このモデル図は株価の基本的な動きを表しています。100％こ

のモデル図のとおりに株価が動くということではありませんが、多くの場合このモデル図に当てはまります。

このモデル図の動きに当てはまらない場合は、その銘柄が何かしらの原因により特殊な動きをしているということです。そのような銘柄には手出しをしないことです。

なんといっても日本で取引のできる銘柄は非常に多いのですからわざわざモデル図に合わない銘柄を売買する必要はありません。私たちは、自分の資金を増やすために株式投資をしているのですから。

●具体例で練習してみよう

もう一銘柄見てみましょうか。

次ページの図14をご覧ください。クラレ（3405）のチャートです。

このチャートに記号を記入してみてください。

一目でわかるのは2008年10月の安値580円がAになるということですね。

では、Aの前の下降トレンドの記号はどうなるでしょう。2008年9月の高値1200円をモデル図に当てはめてみると、75日移動平均線にタッチして下落していますのでLになりますね。そうするとその後の安値693円はMになります。そして868円がNになるのですね。

次にすべての記号を記入したチャートを載せます。ここに上昇トレンド時の記号が入力してありますので確認していきましょう。

次ページの図15をご覧ください。

図14

3405 クラレ
2008年8月～2009年6月

図15

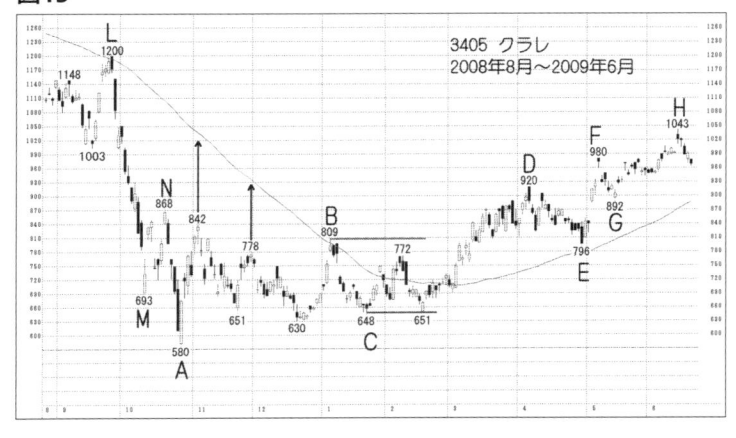

3405 クラレ
2008年8月～2009年6月

第1章 これだけは知っておけ！ 個別銘柄の選択方法とエントリータイミング　069

L・M・Nについては説明をしました。ここではAからHまでの記号について記入していきましょう。まず2008年10月の安値580円がAになるのはおわかりになると思います。次の高値842円はBとはならないのでしょうか。この高値は842円でありこのときの75日移動平均線の数値は1036円で株価とのカイリが大きすぎます。よってこの高値は仮のBとなります。

　次の高値778円は仮のBの高値よりも低い位置にありますのでこの高値にはなんの記号も振られないことになります。もしこの高値の後の動きがAを下回る動きになったとしたら、この高値はLであるということになります。

　778円の高値の後の高値は75日移動平均線にタッチをしたのでこの時点で先ほど仮のBとした842円の高値はBではなく809円の高値がBであることになります。Bの高値の後は下落しAよりも高い位置で下げ止まりましたので648円がCとなります。次の高値772円は75日移動平均線を超えましたが、Bの高値を抜いていないので重要な高値ではないのでDにはなりません。

　Dは原則としてBを上抜かなければならないのです。同様に次の安値651円もCを下抜いていませんので重要な安値ではありません。2009年3月に株価は高値Bを上抜き4月上旬に920円のピークをつけましたのでこの920円がDとなります。

　その後は4月下旬に75日移動平均線のすぐ上まで調整をしましたので796円の安値がEとなり、5月上旬の高値はDの高値を上抜いていますのでこの980円がFとなります。ここらへんの動きは高値安値がはっきりしているのでわかりやすいですね。

　5月中旬には892円の安値をつけました。これはEの安値より

も高い位置にあり75日移動平均線からカイリしていますのでGになります。このGが75日移動平均線にタッチしてもEよりも高値であればGとして構いません。

　Gの安値をつけた後は2009年6月に1043円の高値をつけてHである天井となりました。この時点でHをつけましたのでこの後の株価の動きは75日移動平均線まで調整をしIをつけた後Hまで上昇することができずにJをつけ75日移動平均線を割り込む動きになるのが基本です。この後75日移動平均線で株価が下げ止まり再度上昇しHを上回ることもあります。その場合は現在のHが消え、新たな高値がHとなります。

　モデル図での最大の買い場は上昇トレンドになった後の最初の押し目であるEでした。このチャートでは796円のEを確認して買えばいいのですね。796円からHの1043円までは247円で30％強の上昇となっています。

　空売りの場合でしたら売り場は下落トレンドになった初めての戻しの75日移動平均線近辺のLとなりますね。このチャートのLはしっかりと75日移動平均線にタッチしている1200円です。ここから売っていればAの580円まで620円の下落となり最大51％もの利益を得られる可能性があったということになります。

　75日移動平均線はこんなにも簡単にエントリーポイントがわかり、誰にでも簡単に売買ができ、そして利益を上げることができる可能性を秘めているのです。ですから私は75日移動平均線のことを「魔法の移動平均線」と呼ぶのです。

　ぜひ、この魔法の移動平均線をマスターして楽しい株式投資をしてくださいね。

1日10分で明日のエントリー銘柄を探そう

　今までの説明で個別銘柄の売買方法がわかったと思います。あとは現在の株価が75日移動平均線モデル図の記号Eに合致する銘柄を探せばいいだけです。

●スクリーニング機能を活用しよう

　スクリーニング機能を使えばあっという間に銘柄が検索できます。スクリーニング機能とは自動的にスクリーニング（条件を設定して銘柄を選別しふるいにかけること）を行ってくれる機能のことです。

　スクリーニング機能は、専用のスクリーニングソフトを使う場合もありますし、たいていのネット証券の情報ツールにもスクリーニング機能が備わっています。PERやPBRの数値を自由に変更したり、テクニカルを利用したさまざまなスクリーニング機能がありますが、ソフトや証券会社によって使い方が若干異なるようです。

　ここでは証券会社のスクリーニング機能を使って、簡単に魔法の移動平均線を利用して75日移動平均線モデル図の記号EやLに合致する売買候補銘柄を選ぶ方法をお伝えします。

　今回は楽天証券のスクリーニング機能を利用してみましょう。

　楽天証券に口座を開設するとスクリーニング機能が無料で利用できるようになります。

会員ページにログインをして投資情報の詳細スクリーニングをクリックすると詳細スクリーニングの画面になります。
　そこで買いの条件を入力します。
　次ページの図16をご覧ください。
　〇で囲んだ部分に必要な情報を入力します。
　まずは投資予算金額です。自分の資金が今現在いくらあるのか。そしてその資金を何銘柄に分散して投資するのかを決め1銘柄あたりの金額を入力します。たとえば資金が500万円あって5銘柄に分散投資をするのであれば投資予算金額は100万円となります。
　市場は出来高が多い市場がよいので東証としましょう。業種は好みの業種があれば選択しても構いませんが、通常はすべてでよいでしょう。
　上記の入力が終わったらいよいよ移動平均線に関する情報の入力です。「株価75日移動平均乖離率％」の表示欄にチェックを入れ、最小値を「−5」、最大値を「5」にします。これは、株価が75日移動平均線の上下5％以内に入っている銘柄を検出する条件です。

●上昇トレンドにある銘柄を探そう

　次に「株価200日移動平均乖離率％」の表示欄にチェックを入れ、最小値を「0」、最大値を「100」にします。魔法の移動平均線は75日移動平均線ですが、これだけでは買い候補売り候補ともに検出されます。買い候補と売り候補の両方が検出されるとチャートで確認するときにごちゃごちゃになってしまいますので、分けて検出できるようにしたいと思います。

図16

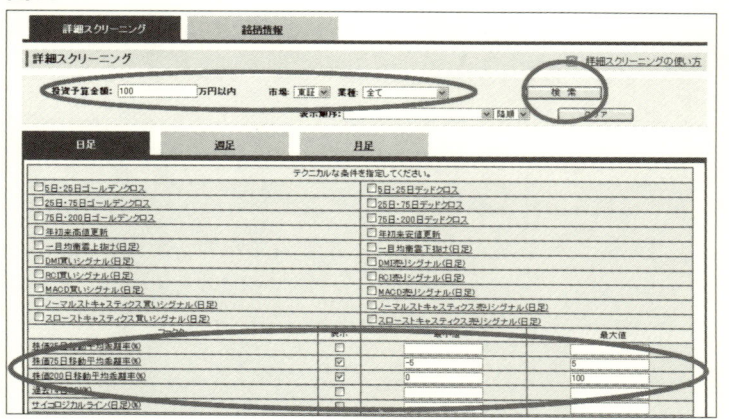

買いの基本を思い出してください。

①株価が75日移動平均線より上に位置しているときは買いだけを考える

②上昇トレンドの場合は、株価が75日移動平均線まで押したら買う

でしたね。つまり上昇トレンドのときだけ買いを考えるということです。

上昇トレンドの定義は高値切り上げ・安値切り上げでしたね。しかしスクリーニング機能では高値安値の切り上げは条件設定できません。多くの銘柄を見ていると上昇トレンドにある銘柄は株価が200日移動平均線の上側に位置していることが多いのです。

そこで上昇トレンドの条件を株価が200日移動平均線よりも上に位置しているということにします。これで上昇トレンド中に株

価が75日移動平均線の上下5％以内に入っている銘柄をスクリーニングできるのです。

条件の入力が終わったら「検索」ボタンを押してください。

5秒もすると検索結果が表示されます。

次ページの図17をご覧ください。

検索結果はこのように表示されます。

株価75日移動平均乖離率がプラス表示のものは株価が75日移動平均線よりも上に位置している銘柄で、マイナス表示の銘柄は75日移動平均線よりも下にあるものです。

この検索結果をもとに各銘柄の日足のチャートを見てモデル図の記号Eに当てはまるものを探せばよいのです。東証だけで検索しても検索結果が200銘柄以上になる場合が多いので、そのときにはファンダメンタルな条件の株価を「300円から500円」に設定するなど自分の好みの株価にしてもよいでしょう。

最初は75日移動平均線のモデル図を株価に当てはめる練習のためにより多くのチャートを見ることをお勧めします。

●下降トレンドにある銘柄を探そう

では次に、売り銘柄候補の検出の仕方に移りましょう。

次ページの図18をご覧ください。

投資予算金額や市場そして株価75日移動平均線乖離率の入力は買い銘柄候補検出と全く同じ条件になります。○で囲んだ株価200日移動平均線乖離率の入力のみが変更になります。

「株価200日移動平均乖離率％」の表示欄にチェックを入れ、最小値を「－100」、最大値を「0」にしてください。

図17

	詳細スクリーニング		銘柄情報			

詳細スクリーニング

データ日付: 2009/06/18　　　　[戻る]
テクニカル条件:

検索結果が200件以上でした。200件までを表示します。
200件中1～30件表示

No.	銘柄コード	銘柄名	主市場	株価75日移動平均乖離率	株価200日移動平均乖離率
1	1322	上場インデックスファンド中国A株(パンダ	東証	3.88 %	21.86 %
2	1326	SPDRゴールド・シェア	東証	-0.31 %	6.30 %
3	1348	MAXIS トピックス上場投信	東証	0.60 %	0.60 %
4	1405	サーラ住宅	東証	0.36 %	1.67 %
5	1414	ショーボンドホールディングス	東証	0.04 %	1.99 %
6	1622	NEXT FUNDS 自動車・輸送機(T	東証	4.99 %	7.78 %
7	1810	松井建設	東証	0.94 %	14.57 %
8	1866	北野建設	東証	3.36 %	9.74 %
9	1867	植木組	東証	4.83 %	21.31 %
10	1924	パナホーム	東証	1.30 %	5.24 %
11	1932	コミューチュア	東証	0.91 %	7.92 %
12	1939	四電工	東証	2.92 %	0.10 %
13	1943	大明	東証	3.04 %	8.52 %
14	1956	日本電話施設	東証	0.11 %	5.70 %
15	1965	テクノ菱和	東証	0.20 %	2.79 %
16	1967	ヤマト	東証	2.11 %	17.27 %

図18

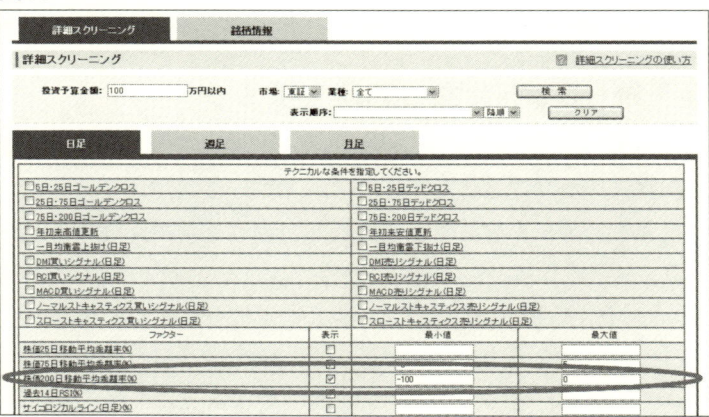

	詳細スクリーニング		銘柄情報		

詳細スクリーニング　　　　　　　　　　　　　　　　　　　　　　　　詳細スクリーニングの使い方

投資予算金額: 100　万円以内　　市場: 東証 ▼　業種: 全て ▼　　　[検索]

表示順序: 　　　　　　　　　　▼　降順 ▼　　[クリア]

日足	週足	月足

テクニカルな条件を指定してください。

□ 5日・25日ゴールデンクロス	□ 5日・25日デッドクロス
□ 25日・75日ゴールデンクロス	□ 25日・75日デッドクロス
□ 75日・200日ゴールデンクロス	□ 75日・200日デッドクロス
□ 年初来高値更新	□ 年初来安値更新
□ 一目均衡表上抜け(日足)	□ 一目均衡表下抜け(日足)
□ DMI買いシグナル(日足)	□ DMI売りシグナル(日足)
□ RCI買いシグナル(日足)	□ RCI売りシグナル(日足)
□ MACD買いシグナル(日足)	□ MACD売りシグナル(日足)
□ ノーマルストキャスティクス買いシグナル(日足)	□ ノーマルストキャスティクス売りシグナル(日足)
□ スローストキャスティクス買いシグナル(日足)	□ スローストキャスティクス売りシグナル(日足)

ファクター	表示	最小値	最大値
株価5日移動平均乖離率(%)	□		
株価75日移動平均乖離率(%)	□		
株価200日移動平均乖離率(%)	☑	-100	0
過去14日 RCI(%)	□		
サイコロジカルライン(日足)(%)	□		

売りの基本を思い出してください。
①株価が75日移動平均線より下に位置しているときは売りだけを考える
②下降トレンドの場合は、株価が75日移動平均線まで戻したら売る

でしたね。つまり下降トレンドのときだけ売りを考えるということです。

下降トレンドの定義は、高値切り下げ・安値切り下げでしたね。しかしスクリーニング機能では、高値安値の切り下げは条件設定できません。多くの銘柄を見ていると、下降トレンドにある銘柄は、株価が200日移動平均線の下側に位置していることが多いのです。

そこで下降トレンドの条件を株価が200日移動平均線よりも下に位置しているということにします。これで下降トレンド中に株価が75日移動平均線の上下5％以内に入っている銘柄をスクリーニングできるのです。

条件の入力が終わったら「検索」ボタンを押してください。

5秒もすると検索結果が表示されます。後は買い候補のときと同じようにこの検索結果をもとに各銘柄の日足のチャートを見てモデル図の記号Lに当てはまるものを探せばよいのです。

東証だけで検索しても検索結果が200銘柄以上になる場合が多いので、そのときにはファンダメンタルな条件の株価を「300円から500円」に設定するなど自分の好みの株価にしてもよいでしょう。

売り銘柄についても最初は75日移動平均線のモデル図を株価

に当てはめる練習のためにより多くのチャートを見ることをお勧めします。

　売りは苦手だという人は、初めは買い候補のチャートだけを見て勉強していただいてもいいと思います。実は買いも売りも両方やるほうが株式投資では有利だということはこの後の章で説明させていただきますから売り候補のチャートを勉強するのはそれからでも遅くはありません。

第2章 誰も知らない!
日経225先物の必勝売買手法

魅惑の日経225先物

　投資と言えばまず、頭に浮かぶのは現物株の取引でしょう。これはすでにみなさんも経験されていると思います。そして個別銘柄の信用取引をされている人も多くいらっしゃるでしょう。

　では、日経225先物取引はご存じでしょうか。次章では日経225先物を利用したヘッジ取引の方法を述べようと思っているのですが、その前に日経225先物取引とはなんなのか。そして日経225先物の魅力についてちょっと述べてみたいと思います。

●効率のよいお金の稼ぎ方は?

　投資商品の中でも先物というと悪いイメージが先行しているようです。「だまされる」とか「家まで持っていかれる」とか(笑)。

　でも、実際笑いごとではないのかもしれません。投資のやり方次第では家まで持っていかれる可能性は十分にあります。しかし、リスク管理さえしっかりしていればこんなに楽しく儲けられる可能性のある取引はないと思います。

　日経225先物は株価指数先物取引と呼ばれる投資商品です。株価指数先物取引とは株価指数を将来の一定の期日に、現時点で取り決めた条件で取引することを約束する取引のことです。なんか難しいですね。

　日経225先物は大阪証券取引所に上場している株式先物で、日経平均株価を対象とした株価指数先物取引のことです。簡単に言

うとニュースでよくいわれる日経平均が今後上がるか下がるかを予想する取引です（予想という言葉は嫌いなんですけどわかりやすいように使っています）。

　日経平均が将来上がると思う人は日経225先物を買えばいいし、下がると思う人は売ればいい。日経225先物という金融商品には株券やその実体はないのです。

　日経225という会社が存在するわけではないので株券は存在しないんですね。株券のないものを売り買いするわけなのでどこかで決済をしなくてはなりません。

　そのお金のやりとりをする期限は、SQといって年間に4回あります。3・6・9・12月の第2金曜日がその日に当たります。

　SQには強制的に決済が行われます。また取引をしてもSQまで買いっぱなし、売りっぱなしにする必要はありません。その日に買ってその日に売ることもできます。

　日経225先物は売買の最低取引単位が1枚です。この先物1枚は日経225先物価格の1000倍になります。つまり今の日経平均が10000円ならこの価格で買った場合10000円の1000倍、1000万円の日経225を買ったことになります。

　でも、1枚を買うのに1000万円もの大金は必要ありません。それは証拠金取引という方法で売買が行われるからです。

　さて、ここで質問です。本書を読んでいるあなたはなぜ株をやるのでしょう。あなたはなぜ株をやりたいのでしょう。

　①株主優待があるから
　②配当がもらえるから
　③株で儲けたいから

④趣味

さあ、あなたはどれ？

私はもちろん③です。効率のよいお金の稼ぎ方って知ってますか？　それは少ないお金で多くの利益を出すことです。

できるだけ少ない投資金額でできるだけ多くの利益を上げることなのです。商売というのはいくら売り上げが多くても利益が少なければ苦労をするだけで何の意味もありませんよね。売り上げが多くて赤字の会社なんてこの世の中にはたくさんあります。そんなの商売ではありませんよね。それでは何のために商売をしているのかわかりません。

私は趣味で商売をしているのではありません。私は趣味で株式取引をしているのではありません。たまに趣味で商売をしている人や趣味で株をやっている人もいます。本当はそういう人が結構多かったりして（苦笑）。

それでは本題に入りましょう。

●レバレッジが効く上に、流動性が高い

ある個別銘柄の株価が5000円だとします。最低売買単位が100株だとした場合、50万円が必要となります。この株を5000円で買って5500円で売ったとします。その場合5万円の利益を得ることができます。5000円の株が5500円になったのですから10％上がったということですね。

では、日経225先物の場合はどうなるでしょう。日経225先物ラージを1枚買う場合には約50万円の証拠金が必要です。5000円の株を100株買うのとほぼ同じですね。日経225先物を10000

円で買って10％の利益を乗せて11000円で利食いした場合100万円の利益になるのです。

ほぼ同じ投資金額なのに個別銘柄では5万円の利益ですが、日経225先物では100万円の利益になります。個別株と比べると20倍の利益になるのです。同じ投資金額で大きな利益を得られる、これはさきほど書いた商売の鉄則ですね。

日経225先物は証拠金取引という方法で売買ができますのでこのようなことが起きるのです。

日経225先物取引を行う場合、投資家は取引するために必要な証拠金を取引する証券会社に差し入れなければなりません。日経225先物取引の委託証拠金は、取引全体の建玉から発生するリスクに応じて金額を算出する方式を採用しています。これもまた難しいですね。

簡単に言うと決められた証拠金を証券会社に預けると日経225先物を買ったり売ったりできるということです。この決められた証拠金をSPAN証拠金と言います。SPAN証拠金の算出方法はここでは書きませんので興味のある人はお調べください。

このSPAN証拠金を証券会社の口座に入金すれば非常にレバレッジの効いた投資をすることができるのです。通常の株式投資と比べて20倍〜30倍も効率のよい投資ができるのです。

どうですか、魅惑の日経225先物でしょう。そしてさらに日経225先物には魅力があるのです。その魅力とは流動性です。

日経225先物は細かい呼び値（変動幅）だから安心して注文ができます。たとえば100万円の値がついている銘柄の呼び値の単位は1万円です。今、その銘柄の気配が「100万円カイ、101万円

ウリ」の場合、どうしても買いたいのであれば1万円上の101万円で買うしかない。これは現値の100万円に対して1％に相当しますよね。

　でも日経225先物の呼び値の単位は10円なのです。日経225先物miniなら5円です。たとえば現値が10000円、気配が「10000円カイ、10010円ウリ」の場合、どうしても買いたい場合は10010円で買うしかない。でも10円という金額は10000円から見ればわずか0.1％に過ぎないのです。

　日経225先物の場合、このわずか10円の呼び値の中に多数の投資家の売買注文が入っています。だから個別銘柄と違って、相対的に売りたい価格と買いたい価格で売買することが可能なのです。

　新興市場の板を見ているといきなり買い板がなくなってとんでもない下値で売ることが結構あります。110万円で売りたいのに買い板が103万にしかないとか。日経225先物の場合はまずそんなことはありません。

　流動性が高いから小刻みに売買すれば、小さな利益を積み重ねることができるし、思惑がはずれて損切りする際にも、意外な安値で約定することはほとんどありません。だから個別銘柄を売買するよりも、収益ロスや損失拡大が防ぎやすいんですね。これってすごいメリットじゃありませんか。

　日経225先物は少ない資金で投資でき、レバレッジがむちゃくちゃ効くし、流動性が高い。こんな魅力的な取引はありません。やっぱり魅惑の日経225先物ですよね。こんなにも魅力的な商品を放っておく手はありません。そこで次項からはこの日経225先物の魅力的な取引方法を見ていくこととしましょう。

日経225先物、
勝利の方程式～3つの波動

　日経225先物における勝利の方程式は3つの波動です。
　この世の中のものすべては波動によって作られているという話をしました。
　もちろん株のチャートも波動によって作られています。この項ではその波動について話をしていきましょう。

●株価のチャートは、S波動で形成される

　株価を形成する波動には、3つの波動があります。その3つの波動をそれぞれS波動、M波動、L波動と名づけることにしましょう。
　S、M、Lまるで洋服のサイズだと思った人もいらっしゃるでしょう。まさにそのとおりなのです。S波動のSは「SMALL」のS、M波動のMは「MIDDLE」のM、L波動のLは「LARGE」のLです。
　S波動は小さい波動、M波動は中くらいの波動、L波動は大きい波動ということです。
　ではS波動とはどのくらいの大きさの波動なのでしょう。そしてM波動、L波動はそれぞれどのくらいの大きさなのでしょう。今からそれぞれの波動の説明をしていくことにしましょう。
　ここで説明に使うチャートは日足のチャートです。3つの波動はすべて日足ベースでの波動になります。

まずはS波動からです。

次ページの図19をご覧ください。

このチャートは、ある時期の日経225先物の日足のチャートです。このチャートの中には複数のS波動が含まれています。別の言い方をするとこのチャートは複数のS波動によって成り立っています。

主な高値と主な安値には株価を記入してあります。そして株価の上下にA〜Gの記号を振っています。

S波動とは、この主な高値から主な安値までの波動のことを言います。S波動には上昇波動と下降波動が存在します。たとえばAの15010円からBの15730円までは上昇波動です。この上昇波動を上昇S波動と呼びます。

Bの15730円からCの12510円までは下降波動です。この下降波動を下降S波動と呼びます。そうするとこのチャートはA−B、C−D、E−Fの3つの上昇S波動とB−C、D−E、F−Gの3つの下降S波動でできているということになります。

株価のチャートは上昇S波動と下降S波動が繰り返し描かれるということです。S波動で売買する場合にはS波動の始まりで仕掛けてS波動の終わりで利食いすればいいのですね。A−Bであればその差額の720円が利益になります。日経225先物ラージ1枚で売買した場合には72万円の利益になります。

B−Cであればその差額の3220円が利益になります。日経225先物ラージ1枚で売買した場合にはなんと322万円の利益になるのですね。詳しい売買方法については後ほど書きますので楽しみにしていてくださいね。

図19

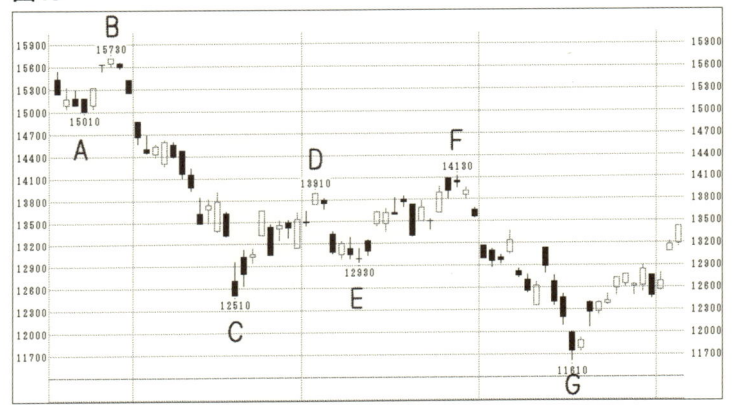

●M波動はS波動の上昇下降によってできる

それでは次にM波動について説明しましょう。

次ページの図20をご覧ください。

S波動は主な高値と主な安値でできている波動でした。M波動とはこのS波動の上昇下降によってできる波動です。一番左の記号Aから右の記号AまでがひとつのM波動です。簡単に言うと株価が底を打った時点でM波動が始まり天井をつけて下落し再び底になるとひとつのM波動が終了します。

このM波動の中でも記号AからHまでの期間を上昇M波動と言います。そしてHから右のAまでの期間を下降M波動と言います。

お気づきの方もいらっしゃると思いますがこのチャートに振られた記号に見覚えはないでしょうか。第1章の「株価にとって移動平均線は恋人のようなもの」に出てきた図を覚えていますか。

そうなんです。あの図はM波動の姿を表したものなのです。

図20

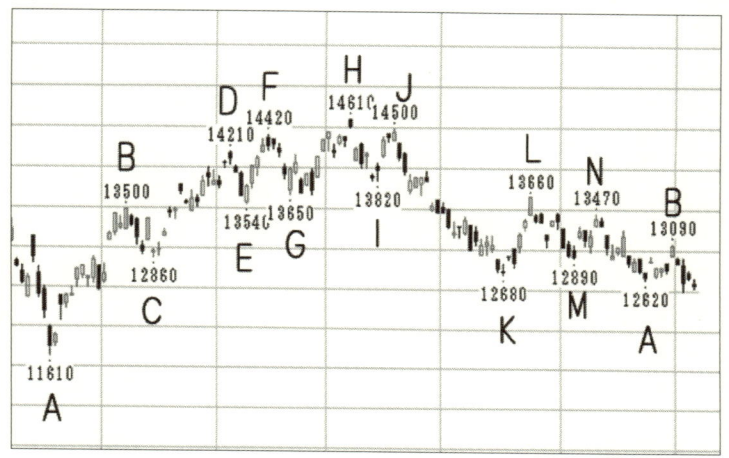

もう一度あの図11（60ページ）をご覧ください。

2つの図を見比べるとほぼ同じですね。株価は75日移動平均線を上下しながらM波動を作っていくのです。

それでは最後にL波動の説明をしましょう。

●M波動が組み合わさって作られるL波動

M波動は上昇S波動と下降S波動が組み合わされて上昇M波動や下降M波動になり、この上昇M波動と下降M波動がセットになってひとつのM波動になっていました。同じようにL波動はM波動がいくつか組み合わされて作られています。

次ページの図21をご覧ください。

1から3までででひとつのM波動になっています。そして3から5でひとつのM波動です。

図21

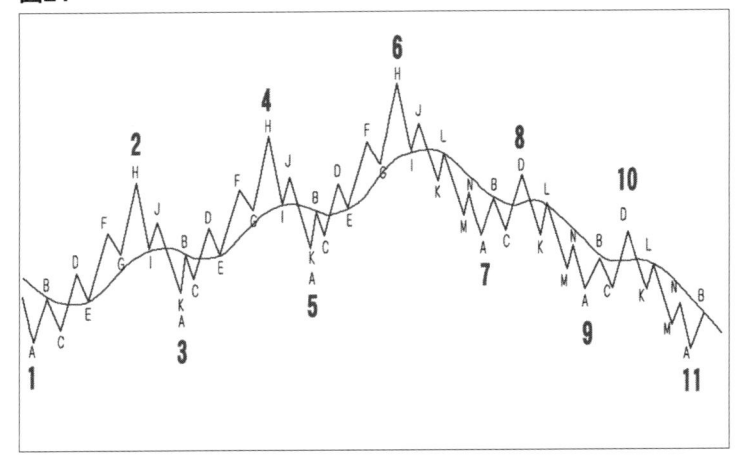

　同じように5から7、7から9、9から11がそれぞれひとつのM波動になっています。3番目のM波動である5から7のM波動が先ほどのM波動のモデル図になります。

　1から6までは大きな上昇トレンドになっています。この部分を上昇L波動と言います。そして6から11までは大きな下降トレンドです。この部分を下降L波動と言います。

　この図を見てわかるように上昇L波動の期間におけるM波動の姿は上昇M波動はモデル図どおりA〜Hまで上昇しますが、下降M波動はH〜Kで終了します。必ずKで終了するということではありません。H〜Kの下落で終了する場合が多いということですのでご注意ください。

　下降L波動の期間におけるM波動の姿は、下降M波動はH〜Mまで下落しますが上昇M波動はA〜Dで終了します。必ずA

〜Dで終了するということではありません。A〜Dの上昇で終了する場合が多いということですのでご注意ください。
　このように日経225先物の株価は3つの波動に分類することができるのです。そして、この3つの波動によって日経225先物の必勝売買手法が導かれるのです。

●ドリームトレンドを見つけよう！

　次は日経225先物における最高のトレンドであるドリームトレンドを見つけることにしましょう。このドリームトレンドがわかれば非常に多くの利益を得る可能性が高くなります。
　相場格言に次のようなものがあります。
　「大相場は悲観の中で生まれ、懐疑と共に育ち、楽観の中で天井を打ち、幸福感と共に消える」
　L波動の一番左のAの時点が相場に参加している大多数の人が悲観的になっているところです。そしてひとつめのM波動が終了するところや2つめのM波動が終了するところは相場参加者が懐疑的になっていますが、株価の押し目になって上昇します。そして最後に6の手前のG−Hの上昇期間中に多くの相場参加者が楽観的になるのです。そして大相場は終了し、下降L波動へと移っていくのです。
　トレンドのビッグウェーブの乗りこなし方の項でお話しましたが、買いでエントリーする場合には上昇トレンドで買えばよかったのですね。
　L波動で見ると上昇トレンドになるのはモデル図の3から4にかけての上昇途中で2の高値を上抜いた時点になります。

M波動で見ると上昇トレンドになるのはモデル図のCからDにかけての上昇途中でBの高値を上抜いた時点になります。

　S波動は上昇か下降しかありませんので、ここではトレンドはないということにしておきます。S波動の中には分足での上昇トレンドや下降トレンドが存在しますが、ここでは日足をベースにしていますのでトレンドはなしということにします。

　もう一度思い出してください。買いでエントリーする場合には上昇トレンド時にだけ買う。

　つまり日経225先物におけるドリームトレンドとはすべての波動が一定方向に向いているときなのです。買いでエントリーする場合にはすべての波動が上昇トレンドになっているときであるということです。L波動が上昇L波動になっていて、かつその中のM波動が上昇M波動になっていて、かつその中のS波動が上昇中であるときです。

　売りでエントリーする場合にはすべての波動が下降トレンドになっているときであるということです。L波動が下降L波動になっていて、かつその中のM波動が下降M波動になっていて、かつその中のS波動が下落中であるときです。

　買いにしても売りにしても3つの波動において3つの条件がすべて揃っているときが一番利益を出しやすいドリームトレンドの期間なのです。

　図21でこの条件に当てはまる時期を見てみると次のようになります。

　買いでエントリーする場合にはすべての波動が上昇トレンドになっているときですから、まずL波動が上昇L波動になっている

のは3から4にかけての上昇中に2の高値を上抜いた時点から6にかけての期間です。

　そしてその期間中にM波動が上昇トレンドになっているのは3から4にかけての上昇M波動のG－Hと、5から6にかけての上昇M波動のBの高値を抜いた時点からHまでです。

　そしてその中でS波動が上昇S波動になっているのは3から4にかけての上昇M波動のG－Hの上昇S波動、5から6にかけての上昇M波動中のBの高値を上抜いた時点からD、E－Fの上昇S波動、G－Hの上昇S波動となります。

　売りの場合は逆になりますので各自で確認してください。最初は慣れるまでにかなり時間がかかると思います。しかし慣れてくるとチャートを見ただけで今の株価がモデル図のどの時点に当たるのかがわかるようになってきますのでモデル図をよく見ながら何回も繰り返し読んでくださいね。

　最低でも7回は繰り返して読んでくださいね。7回ですよ、7回。なぜ7回かというと人間の脳は1回見ただけではすぐに忘れてしまうようにできているからです。3回見てようやく少しだけ記憶に残るようになり5回見て少しは理解できるようになり、7回見て50％理解できるようになるようです。

　半分の理解もできていないものを自分の大切なお金を使って実行するなんてギャンブルと一緒です。ですから最低でも7回は読まないとこの本に書かれていることを実行して利益を出すことはできないのですね。

日経225先物の天井と底には
相場の神様がいる

　前の項では波動にはS波動、M波動、L波動という3つの波動があると言いました。
　個別銘柄の売買と日経225先物の売買手法は異なります。この項ではドリームトレンド以外での日経225先物の売買ではどこで買ってどこで売れば多くの利益が得られるのかについて述べていきたいと思います。

●信用取引の本当の利点

　個別銘柄の売買の方法を思い出してください。75日移動平均線を基本として上昇トレンドに移行した最初の押し目が75日移動平均線まで来たときに買うのでしたね。
　ここでもう一度60ページの図11をご覧ください。
　魔法の移動平均線のM波動モデル図では買うべきところは株価が図のEの位置まで押したときでしたね。売るときというのは株価が図のLの位置まで戻したときでした。
　では、日経225先物を売買する場合には個別銘柄と同じ売買方法でよいのでしょうか？
　基本的な株価の動きは、個別銘柄も日経225先物も同じです。モデル図に記載された動きをします。個別銘柄と日経225先物の株価の動きが同じだとすると売買方法も同じでよいと思えそうですね。しかし、日経225先物を売買する場合にはこの75日移動平

均線のモデル図だけで売買することはありません。

　それはなぜかというと魅惑の日経225先物の項で書きましたが日経225先物は非常に高いレバレッジを利用して取引を行うことができるのですね。

　ここで、個別銘柄の取引と日経225先物の取引を比べてみましょう。

　仮に投資資金が100万円あったとしましょう。この100万円を日経225先物と個別銘柄で運用をします。

　個別銘柄の場合、10％の利益を上げたとしたら10万円の利益になります。20％の利益を上げたとしたら20万円の利益になります。

　個別銘柄の値動きを見ていただくとわかりますが、1日や2日で急激に10％も20％も株価が上がるということはよほどの材料株でなければまずあり得ません。我々がそんな材料を知ることは不可能なのです。知っているのはインサイダーをしている人たちだけですね。

　個別銘柄で1日や2日で10％、20％の利益を得ることは困難です。通常は少なくても2週間から1カ月はかかるでしょう。そしてエントリーのチャンスは毎月あるとは限りません。多くても年間で5回程度ではないでしょうか。

　5回の売買で10％ずつの利益を出したとすると利益は50万円で利益率は50％となります。それでも100万円が150万円になるのですからすごいことですよね。

　また個別銘柄では現物取引の他に信用取引もできます。信用取引についての詳しい説明は避けますが、信用取引の場合、手持ち

の資金の3.3倍の運用をすることができます。

　100万円の資金があれば、330万円の取引ができるということです。現物取引なら100万円しか売買できない株を330万まで売買することができるのです。

　同じ10％の利益を上げたとしたら33万円の利益を上げられることになります。売買できる回数は同じですから年間5回の売買をした場合165万円の利益となります。

　巷に出回っている株式投資の情報では信用取引の利点はこのレバレッジの高さであると書いてあります。同じ資金で3.3倍の取引ができるのが最大の利点であり、これを複利で運用するととんでもない巨額の利益になると書いてあります。このような夢のような話を信じそのとおりに売買を行うので個人投資家は儲けることができないのです。

　我々個人投資家が儲けるためには違う着眼点で見ていかなければならないのです。信用取引の本当の利点は同じ利益率で多くの利益が得られるということではありません。

　同じ資金で3.3倍の利益が出るということは違う考え方をすれば、同じ資金を使って信用取引で3％の利益を上げることができれば現物取引で9.9％の利益を上げたのと同じことになるということです。

　現物取引の場合100万円の資金で100万円の株を買って9.9％の利益で99000円です。信用取引の場合には100万円の資金で330万円分の株式を買えますので3％の利益が出たら99000円の利益となります。同じ銘柄を売買した場合、3％の利益を出すのと9.9％の利益を出すのとではどちらが簡単でしょうか。

もちろん3％の利益を出すほうが簡単ですよね。株価は上下動を繰り返しながらチャートを描いていきます。底の価格で買えたときに9.9％の利益が出せるとしたら底から5％以上上がったところで買っても3.3％の利益を出すことができます。

　9.9％の利益が出せる場面は1年で5回しかないかもしれませんが3％の利益でよければ1年で20回30回とあるのではないでしょうか。さらに信用取引の場合には買いだけではなく売りでのエントリーもできますのでチャンスはさらに多くなります。

●日経225先物なら、毎日がチャンス！

　では、日経225先物の場合はどうなるでしょう。日経225先物は証拠金取引で行いますのでそのときの証拠金により仕掛けられる金額は変わってきますが、通常はラージ1枚で50万円から70万円程度でしょう。日経225先物miniであればその1/10の金額になります。

　ここでは仮に証拠金が50万円だとしましょう。そして日経平均の価格が1万円だとします。資金が100万円で日経225先物ラージを2枚買うことができます。1万円の株価で2枚買うと1万円×1000倍×2枚なので2000万円分の売買ができるのです。

　個別銘柄の現物取引と比較するとレバレッジは20倍ですね。これを先ほどの条件に当てはめてみると100万円の資金で売買をした場合、現物取引で10万円の利益を上げるためには10％の利益が必要ですが、日経225先物の場合は1/20である0.5％の利益でよいことになります。

　10％の利益を上げられるチャンスは年間5回程度ですが、0.5％

の利益を上げられるチャンスは山ほどあるのではないでしょうか。日経平均が1万円だとしたら0.5％は50円です。50円の利益が得られれば1万円の株価の現物株で1000円の利益を得るのと同じ利益が得られることになります。

　日経平均の値動きを見ていただくとわかりますが、1日に100円〜200円程度の動きがあるのが普通です。これだけの値幅があれば50円の利益を得るチャンスは毎日でもあることになります。

　現物株の取引では年間5回程度のチャンスしかないのに日経225先物では毎日チャンスがあるのです。これが日経225先物の最大の利点なのです。

　日経225先物では仕掛けるチャンスが非常に多くなるということがおわかりいただけたと思います。つまり個別銘柄のエントリーとは違う場所でのエントリーが可能になるのです。

　だからと言って日経225先物で本当に毎日50円の利益を得られるようになるためには相当の勉強と研究が必要になります。勉強もしないで日経225先物取引を始めたら100万円の資金なんてあっという間になくなるのが普通です。そうならないために本書で勉強するだけで利益を上げられるようになる売買手法を述べていきます。

　個別銘柄ではM波動のモデル図を利用して売買しますが日経225先物ではM波動よりもさらに短いS波動を利用して売買を行います。

　87ページの図19をもう一度ご覧ください。

　S波動というのは日足のチャートで見ると高値と安値を結んだものでした。

S波動を利用して儲けるためにはS波動の一番下で買って一番上で売ればよいのですね。または一番上で売って一番下で買い戻せばいいのですね。Aで買ってBで売る。Bで売ってCで買い戻す。Cで買ってDで売るということです。

　A－Bの買いの場合15010円で買って15730円で利食いですから720円の利益です。日経225先物ラージ1枚で売買した場合には72万円の利益です。同じようにB－Cでは322万円の利益、C－Dでは140万円の利益になります。

　しかし、我々にはこの利益を得る売買はできません。我々は事前に天井と底がいつになるのかを知ることができないのです。いつ天井になるのかいつ底になるのかを知っているのは神様だけなのですね。神様の存在を信じない人は信じなくていいですよ。私は信じているというだけですから（笑）。

　神様と話しができる人だけが天井で売ることができ、底で買うことができるのです。

　日経225先物のチャートの天井と底に神様がいるということはおわかりですね。

　では我々はどのような売買をすればよいのでしょうか。神様と話しができる方法を見つけることが最良の方法なのでしょうか。

　今の段階ではそれは無理ですね。次の項ではどうすれば神様の売買にいかに近づくことができるのかについて述べていきますね。

日経225先物の聖杯は逆張りだった

　エントリーの方法には順張りと逆張りがあります。これはみなさんご存じですね。
　では順張りと逆張りではどちらのほうが儲かるのでしょうか。

●順張りであって、逆張りである手法？
　一般的にいわれている順張りと逆張りのメリットデメリットは以下のとおりです。
　順張りのメリットは、
- トレンドが継続する相場では大きな利益を上げることができる。
- 横ばいのトレンドをブレイクした相場で威力を発揮する。

　デメリットは、
- 横ばいのトレンド内ではドテンを繰り返し損失が大きくなる。
- 底から上がったところでしか買えないので利益が少なくなる。

などがあります。
　逆張りの場合のメリットは、
- 支持線・抵抗線が機能している相場では大きな利益を上げることができる。
- 横ばいのトレンドにおいて威力を発揮する。

　デメリットは、
- ロスカットを設定するのが難しい。

などがあります。

順張りがよいのか、逆張りがよいのかについては多くの意見があり どちらがよいのかははっきりとは言えないでしょう。その人のスタンスにあった手法で売買をするのが一番よいと思います。
　ここでは私が日経225先物取引で利用している手法をお伝えします。
　その手法は順張りであって逆張りであるという手法です。
　いったいなんのこっちゃ？　そんな手法があるんかいな？　と思われるかもしれませんが、その手法は存在するのです（ちなみに私は関東生まれの関東育ちです。今は長野に住んでいますが）。
　この項の目次は「日経225先物聖杯は逆張りだった」となっています。私の手法が順張りであり逆張りであるのに目次は逆張りになっている理由も明らかにしていきますね。

●高値ブレイクはうまみが少ない？

　個別銘柄の売買手法は75日移動平均線のモデル図を使うというものでした。個別銘柄の日足の動きと日経225先物の動きは75日移動平均線のモデル図と同じように動くのでしたね。そして日経225先物取引はレバレッジが非常に高いので個別銘柄で10％の利益を上げるのに対し0.5％の利益を上げれば同じ額の利益が得られるということでしたね。
　一番リスクが低く確実に利益を上げるためには75日移動平均線のモデル図を使った売買をすればよいのです。しかし、それでは年間で仕掛けるチャンスが非常に少なくなります。個別銘柄でしたら数千という銘柄がありますが日経225先物は1銘柄だけです。これでは年間利益はしれたものです。

そこでエントリーチャンスを増やすためにM波動ではなくS波動を使って売買をすることになります。
　M波動ではひとつの波動で買い1回売り1回のチャンスしかありませんでした。しかしS波動を使えばもっと多くのエントリーチャンスが生まれます。
　ここでM波動に含まれるS波動の姿を見てみましょう。M波動は通常8個から12個のS波動で構成されています。
　図22をご覧ください。複数のM波動が上昇トレンドにある場合には上昇波動時のS波動の数は下降波動のときのS波動の数より多くなります。1から2への上昇波動時におけるS波動の数はA－B、B－Cと数えていくとG－Hまでの7個です。2から3への下降波動時のS波動の数はH－I、I－J、J－Kの3個で合計10個のS波動で構成されています。

図22

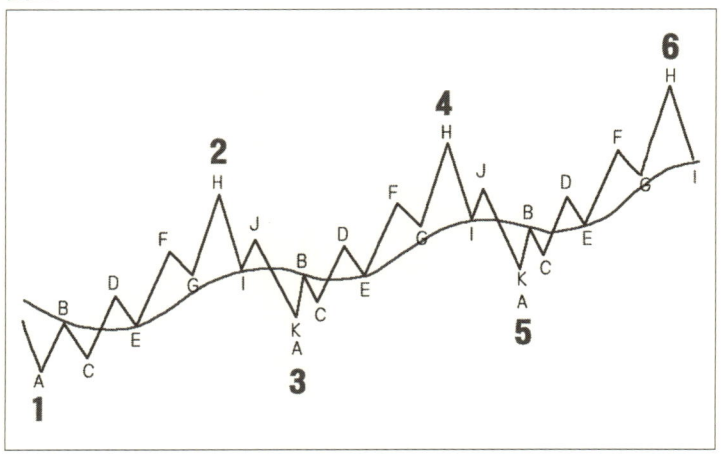

第2章　誰も知らない！　日経225先物の必勝売買手法

1から3までのM波動ではBで売りEで買い、Iで買いと3回の売買チャンスがあります。しかしこれでもチャンスが少なすぎますね。もっと多くの売買チャンスを探る前に下降トレンド時のM波動も見てみましょう。

　図23をご覧ください。

　複数のM波動が下降トレンドになる場合には上昇波動時のS波動の数は下降波動時のS波動の数より少なくなります。

　7から8への上昇波動時におけるS波動の数はA－B、B－C、C－Dの3個です。8から9への下降波動時のS波動の数はD－K、K－Lと数えていくとN－Aまでの5個で合計8個のS波動で構成されています。7から9までのM波動ではB、Lで売り、買いのチャンスは1回もありません。

図23

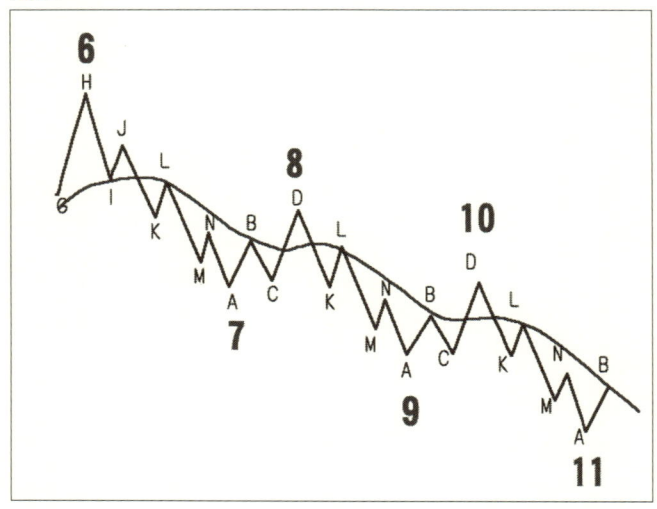

ここで個別銘柄の売買の原則を思い出してください。チャートが上昇トレンドにあるときには買いしかしない。チャートが下降トレンドにあるときには売りしかしない。というものでした。つまりM波動が上昇トレンドの状態にあるときには買いだけを考えればいいのです。

　図22の1から2までのS波動は、上昇トレンドになっています。この期間について順張りと逆張りでエントリーを考えてみましょう。

　順張りで有名なエントリー方法は高値ブレイクです。高値ブレイクとは直近の高値を超えたところで買う手法です。B、D、Fの高値を超えたところでエントリーすることになります。

　逆張りの場合はBからCへの押し目でC近辺で買います。C近辺というのはCが底であるとわかるのはCからある程度上昇してからになるからです。株価がCの位置にいるときにはCが底であるとは神様にしかわかりません。同様にE、G近辺での買いとなります。

　ブレイクの場合は直近の高値を超えたときに買えばいいので誰にでもエントリーの時期がわかります。しかし逆張りの場合には底であるとわかるのは底からある程度上がってからになるので底で買うことはまずできません。買ってからさらに株価が下がることは当然のようにあるのです。買ってから直近安値を割り込んで上昇トレンドが下降トレンドに転換することも十分にあり得るのです。

　ここまでを見ると順張りの高値ブレイクはとても優れた手法に思えます。しかし、この手法では多くの利益を手にする可能性は

低いのです。それはなぜかというと高値ブレイクで売買をしていくと勝率が非常に低くなるのです。

　高値ブレイクのシステムを検証してみると多くのシステムの勝率は30％前後と非常に低くなります。今まで株式投資でシステムトレードをしたことのある人ならわかると思いますが、勝率30％のシステムを使い続けるというのは非常に強い精神力を持っていないとできないのです。

　私は今までに勝率30％のシステムを使い続けている人を数人しか知りません。最終章でも書きますが勝率30％のシステムの場合、連敗する確率は非常に高いものになるのです。10連敗する可能性があるシステムをあなたは使い続けることができるでしょうか。ほとんどの人はシステムが3連敗〜5連敗すればそのシステムを使うことをやめてしまうでしょう。それほどまでに連敗というのは耐え難いものなのです。

　また高値ブレイクの手法の場合は大きなトレンドに乗れば非常に大きな利益を上げることができますが、小さなトレンドの場合にはほとんど利益を上げることができません。

　図のBをブレイクしたのを確認してから買った場合、最大の利益を得られるのはDの位置です。CからDまでの上昇の半分程度しか利益を得ることができないのです。CからBの上昇分は黙って見ているだけになります。

　同じようにDのブレイクで買った場合はEからFの上昇の半分より少し多い利益を得ることになりEからDまでの上昇分を取ることはできません。G−HでFのブレイクで買った場合はG−HのS波動が大きいので大きな利益を取ることができます。しかし

大きな波動というのは早々あるわけではないのです。

たまにある大きなS波動というのは2000円や3000円の波動になる場合もあります。そのような大きな波動になった場合にはブレイクでも十分な利益を得ることができるでしょう。しかし2000円3000円の利食いを待てるだけの精神力を持っているのでしょうか。

仮に10000円で日経225先物を買った場合、12000円や13000円まで利食いをしないでいられる自信を持っているトレーダーがどれだけいるでしょう。ほとんどのトレーダーは1000円も株価が上がれば利食いをすることでしょう。

●S波動の底は60〜70%わかる

では次に逆張りの場合を考えてみましょう。

101ページの図22をもう一度ご覧ください。

逆張りの場合は前述したとおりBからの押し目であるC近辺、そしてEおよびG近辺がエントリーポイントとなります。しかし底で買うことはできないのですね。

そうなると買い方としてはCやE、Gになる手前で買うということになります。まだ底が決まっていない時点で買うことになります。

その場合買ってからさほど下げずに上昇してDやF、Hになってくれれば非常に大きな利益を得ることができます。買った時点が偶然底になれば最大の利益を得られます。しかし、買った時点から大きく下げた場合には含み損が大きくなり精神的苦痛が非常に大きくなります。

さらにへっぽこ投資家の章でも書いたようにナンピンをしたくなったり損切りができないという事態にもなりかねません。

底がわからない逆張りは最悪の事態を招くことになるのですね。

そう考えると逆張りより順張りのほうが優れた投資法だと思われます。

しかしS波動の底がわかっていたらどうでしょう。どの時点が底になるのかわかっていれば100人中100人が順張りのブレイクで買うよりも逆張りで買うほうを選ぶでしょう。

実はS波動の底で買うのは神様にしかできないのですが、底らしい場面で買うことは我々にもできるのです。

底らしい場面で買えば買ってからさほど下げることなく上昇し大きな利食いをすることができます。底らしい場面で買ってもそれが見当違いでさらに下げるということももちろんあります。しかし、100%の底はわからなくても60%〜70%底らしいとわかれば、見当違いも少なくなるのではないでしょうか。

S波動の底らしい場面で小さなリスクで買う。これこそが日経225先物の聖杯なのです。

私たちは、子供の頃から親や周りの大人たちに物事はしっかりと確認して安全を確かめて行うのよ。みんなと同じようにするのよ、と教えられて育てられました。

一見当然で利己的な考えに思えます。

しかし、相場に関しては、現在の状況を徹底的に調べ安全だと確認した後でエントリーしたのでは、株価が大きく動いた後であり高値づかみになったり押し目を待っていてもそこまで株価が落ちてくることがなくエントリーできなくなったりします。

30％～40％のリスクは積極的に取らなければ大きな利益は得られないのです。

●S波動の底らしさを決める条件

下記はS波動の底らしさを決める条件の一覧です。
1. ストキャスティクスの%Kが30以下になる
2. ストキャスティクスの%Dが30以下になる
3. 株価がボリンジャーバンドの−1σ以下になる
4. 株価がボリンジャーバンドの−2σ以下になる
5. 現在のS波動での新安値になる
6. 新安値の陽線になる
7. 新安値で下ひげの長い足が出現する
8. 新安値の次の足で大陽線になる
9. 新安値の次に足で上に窓空けする
10. 新安値の後2本連続陽線になる

全部で10の条件がありひとつ該当すると確率が10％増えます。5つ該当すると底らしい確率は50％になります。8つ該当すると底らしい確率は80％になります。

※注　ストキャスティクスの設定は%Kが12、%Dが5を使用しています。

※新安値とは当日の安値が下落S波動において一番安い状態を言います。

次ページの図24をご覧ください。

ローソク足の上の数字はピークが1で、5がピークを含めて5本目以下10本目14本目という意味です。

1のピークから14のボトムになるまでの過程を見てみましょう。

　2本目で安値切り下げになり新安値になりました。%Kは29で30より下になっています。この時点では2つの条件が合いましたので底である可能性は20％です。

　3本目はさらに安値を切り下げ新安値、%K30以下、−1σ以下の3つが該当したので底である可能性は30％に上がりました。

　4本目も3本目と同じ3項目が該当しています。

　5本目は新安値、%K30以下、−1σ以下、新安値の陽線の4項目が該当したので40％です。

　6本目は新安値の陽線がなくなりましたが、%D30以下が加わり、新安値、%K30以下、%D30以下、−1σ以下、の4項目が該当しています。

図24

7本目も6本目と同じ4項目です。
　8本目になって新安値の陽線と−2σ以下の2項目が追加され6項目が該当したので底である可能性は60％となりました。
　しかし9本目で新安値の陽線が除外され50％、10本目も同じ50％となります。
　11本目は陽線ですが、新安値の陽線ではないので10本目と同じ5項目が該当しました。
　12本目で新安値の後2本連続陽線になるが該当し底である可能性は再び60％になりました。
　13本目は大陽線になりここでほぼ底であると決まったと思ったら14本目に再度新安値となりました。14本目の該当項目は、新安値、新安値で下ひげの長い足、％K、％D、−1σ、−2σの6つで60％です。
　15本目には陽線になり16本目も連続陽線になりましたのでこの時点で14本目が底だったと確定してもよいでしょう。
　16本目まで待ってから買うのが確実ですがそれだと底からかなり株価が上がったところで買うことになります。リスクを取るのであれば2回目の60％になった12本目で買うべきでしょう。12本目で買っていればほぼ底で買えたことになります。
　本書では1例だけを挙げましたが、ご自身で多くのチャートを確認して底らしさのポイントをつかんでくださいね。

　このＳ波動の底になる条件があなたにとっての聖杯になることを祈っています。

愛 読 者 カ ー ド

ご購読誠にありがとうございました。今後の出版物の参考にさせていただきますので、下記の設問にお答えください。ご回答いただいた方の中から抽選で毎月10名様に、図書券(千円分)を差し上げます(当選者の発表は景品の発送をもって代えさせていただきます。有効期間:平成25年9月30日〈当日消印可〉)。

●お買い上げ時期・書店
　　　　年　　　　月　　　　　　　　　市区町村　　　　　　書店
●定期的にお読みになっている新聞・雑誌など
(　　　　　　　　　　　　　　　　　　　　　　　　　　　　)
●最近面白かった本、テレビ番組、映画など
(　　　　　　　　　　　　　　　　　　　　　　　　　　　　)
●最近注目している人物、話題など
(　　　　　　　　　　　　　　　　　　　　　　　　　　　　)
●この本のご感想や今後読みたい本のテーマなどをお書きください。

　　　　　　　　　　　　　　　　　　　ご協力ありがとうございました。

●本のご購読(巻末や小社HPの刊行案内をご覧ください)
　小社出版物は、全国書店でお買い求めいただけます。宅配をご希望の方は、下記の「購読申込書」に明記ください。ヤマト運輸が3〜4日でお届けします。送料は冊数にかかわらず200円(税込)で、本の代金(本体価格+税)とともに配達時にお支払いいただきます。

購読申込書　　　　　　　　　　　年　　　月　　　日

書名	本体価格	円	冊数	冊
書名	本体価格	円	冊数	冊
書名	本体価格	円	冊数	冊

※ハガキ表のお名前、ご住所、郵便番号、電話番号を正確にご記入ください。

郵便はがき

113-8790

料金受取人払郵便
本郷支店承認

4709

差出有効期間
平成25年9月
30日まで

東京都文京区本郷1-33-6
ヘミニスⅡビル4F

株式会社 **アールズ出版**

編集部　行

|,|,||,|,||,||,|,||,|,|,|,|,|,|,||,|,|,|,|,|,|,|,|,|,|,|,|,|,|,|,|,|,|,|

| お買い上げの
| 本のタイトル |
| ご住所　〒 |

TEL　（　　）

[フリガナ]　　　　　　　　　　　　　　　　　　　　　　　　　　　年齢
お名前 --

歳

ご職業または在校名　　　　　　　　　　　　　性別

男・女

お手数ですが裏面にもご記入ください。

第3章 知らないと損する!
日経225先物、リスクヘッジ戦略

リスクヘッジの種類

　第1章では個別銘柄の売買手法を書いてきました。第2章では日経225先物の売買手法を書いてきました。この2つの章に書いてあることを実践するだけでも株式投資で利益を上げていくことは可能です。

　本書における目的はこの本を読んでいただいた人に儲けていただくことですからもう目的は達成したのかもしれません。

　今までの章で儲ける方法がわかったという人はここで本を閉じて実際に売買の実践に移ったほうがいいでしょう。この後を読んでいくと今まで覚えたことを忘れてしまうかもしれません。本は開かれるためにあるのではなく閉じられるためにあるのです。今すぐこの本を閉じて実践に入ってください。

　しかし、「もう少し読んでみたい」「まだ私は勉強が足りない」という人がいるかもしれません。そういう人はこの後の章でもお付き合いをお願いします。

●リスクヘッジは、日経225先物で

　リスクヘッジとは、株式投資において危険（リスク）が想定される場合に、あらかじめ何らかの回避策や打開策を用意しておくことでしたね。

　想定されるリスクとはどんなリスクがあるでしょうか。ロスカットまでの価格が大きいために株価が想定とは逆に動いたときに

損失が大きくなる。今までヨコヨコで動いていた株価がいきなりストップ安となり損切りをしたくてもできない状態になる。などがありますね。

本書では基本的に個別銘柄の売買をしたときにおけるリスクをヘッジする方法を書いていきます。日経225先物を主体とした売買のリスクヘッジやオプションのリスクヘッジの方法ではありません。

まずはリスクヘッジの種類からです。

ひとつめの方法は個別銘柄の売買におけるリスクヘッジを同じ個別銘柄で行う方法です。上昇トレンドにある銘柄を買い、そのリスクをヘッジするために下落トレンドにある銘柄を売るという方法です。

メインの売買は上昇トレンドにある銘柄を買うということになります。

2番目の方法は個別銘柄を買い日経225先物を売るヘッジです。上昇トレンドにある個別銘柄を買いリスクが現れたら日経225先物を売るという方法です。

3番目の方法は個別銘柄を買いリスクが現れたら日経225オプションのプットを買うという方法です。日経225オプションについての説明はここでは省かせていただきますね。

リスクヘッジにはこの3種類がありますが、この本では日経225先物でのリスクヘッジについて書いていきます。

なぜ個別銘柄やオプションを使ってヘッジをしないのか、なぜ日経225先物を使ってヘッジをするのかについてはこの後で書いていきます。

なぜ日経225先物でリスクヘッジをするのか

●日経平均株価と個別銘柄の連動性

　日本には東京・大阪・名古屋・福岡・札幌など非常に多くの株式市場があります。また新興市場ではマザーズ・ヘラクレス・セントレックス・アンビシャスなどがあります。

　2009年10月現在の上場銘柄数は主なところで東証1部が1681銘柄、東証2部が455銘柄、マザーズが182銘柄です。すべての銘柄を合計すると約3700銘柄あります。

　私たちはこれらすべての市場の銘柄を取引することが可能です。これら多くの銘柄の中のうち日経平均と連動する銘柄はどのような銘柄でしょう。

　これはすぐにおわかりですよね。

　日経平均株価とはダウ式平均株であり、東証1部上場銘柄の中から流動性や業種等のバランスを考慮して選んだ225銘柄の株価平均を修正した金額です。日本経済新聞社が算出し、公表しています。採用銘柄は毎年見直されます。また臨時に入れ替えがされることもあります。

　権利落ちに対しては株価修正を行い、連続性を保つようにしています。

　民間企業が作成している経済指標ですが、日本政府が経済統計として唯一使用している珍しい指標です。

　つまり、日経平均採用銘柄が日経平均株価を決定しているので

す。ということは、日経平均採用銘柄は日経平均株価に連動していると考えられますね。

では実際の銘柄のチャートと日経平均のチャートを比べてみましょう。

●日経平均と日経平均採用銘柄は本当に連動しているのか

日経225先物は流動性が高いので同じように個別銘柄でも流動性の高い銘柄を選んでみましょう。

まずは銀行株の8316三井住友銀行を見てみましょう。

はじめに日経平均のチャート（次ページ図25）をご覧ください。

次に8316三井住友銀行のチャートです（次ページ図26）。

3月の安値と高値が同じ日になっています。

日経平均は7021円から8843円へと25.9％の上昇となっています。8316三井住友は2585円から4070円へと57.44％の上昇となっています。上昇率は倍以上ですが高値と安値は同じ日で連動しています。

4月は少し違うチャートになっているように見えますが、日経平均がゆるやかな下落をしているのに対し三井住友は急激に下落しています。しかし底を打ったのは4月下旬でほぼ同じころになっています。

5月6月7月と3カ月も同じように高値安値はほぼ同じ時期になっていて連動していますね。これを見ると上昇率下落率は連動していませんが、高値安値の値動きの時期は同じように推移しているのがわかります。

図25

図26

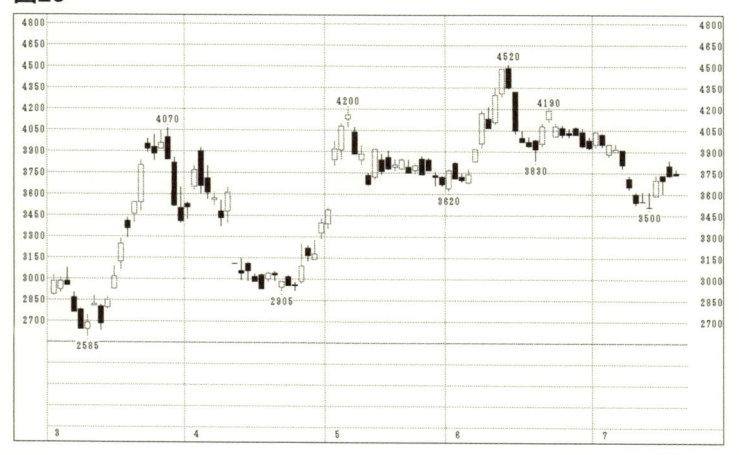

2つのチャートを重ねてみるとよりわかりやすくなりますので次の図27で確認してください。

　次に個人投資家の人気銘柄である9984ソフトバンクと比べてみましょう。

　119ページの図28をご覧ください。

　先ほどと同じように日経平均のチャートと合わせてみますね。

　図29（119ページ）です。

　8316三井住友のチャートよりもこちらのほうが似たような動きをしているのがおわかりになると思います。

　高値安値の動きはすべての月でほとんど同じ動きをしています。上昇率下落率を比べてみると日経平均の3月は7021円から8843円へと25.9％の上昇となっています。

図27

9984ソフトバンクの3月は1125円から1419円へと26.1％の上昇となっています。上昇率もほぼ同じ程度です。

　5月6月7月と3カ月も同じように高値安値および上昇率下落率ともにほぼ同じになっていて連動しています。

　この時期の9984ソフトバンクと日経平均はほぼ同じ動きをすることがわかりますね。

　ここでは2銘柄だけを掲載しましたが、日経平均と日経平均採用銘柄の多くはこのように連動することが多いのです。

　日経平均採用銘柄で日経平均が決まるのですからまったく違う動きになることは少ないのですね。日経平均採用銘柄が日経平均と連動するのはある意味当たり前といえるのです。

　3700もある銘柄から日経平均と連動する銘柄を探すのは宝探しのようなものです。しかし、日経平均採用銘柄でしたら225銘柄だけですから一晩あれば酒の肴にすべての銘柄を見て、日経平均と比較するのも可能でしょう。

　チャートはできるだけ多くのチャートを見るようにしてください。多く見過ぎて悪いということはありません。見れば見るほどチャートの値動きが理解できるようになります。そのうちに本当にチャートを酒の肴にすることもできるようになりますよ。

図28

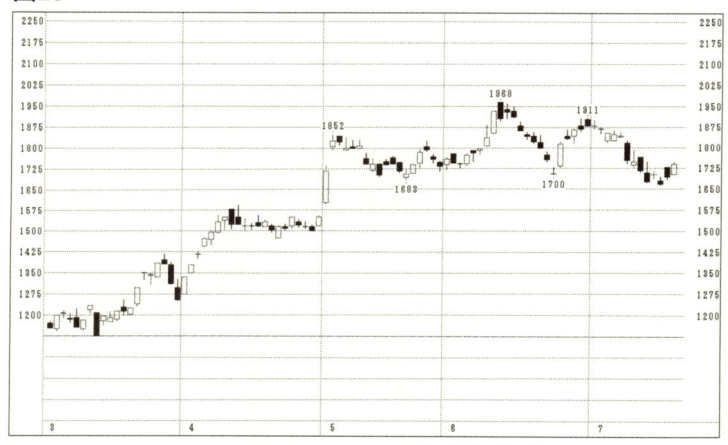

図29

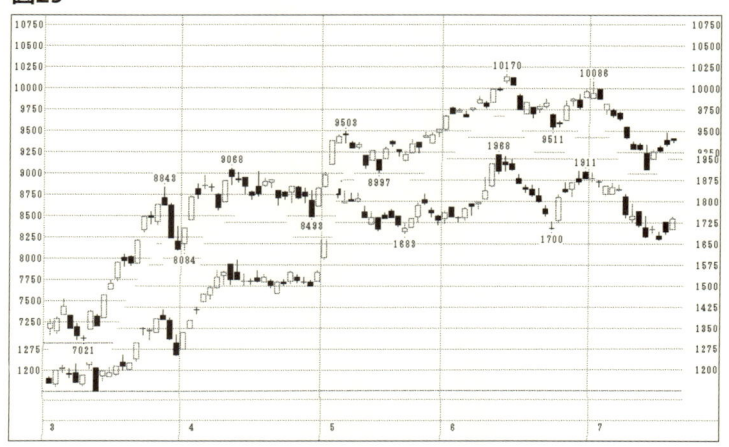

第3章　知らないと損する！　日経225先物、リスクヘッジ戦略

日経225先物による
リスクヘッジの優位性

●銘柄選び不要、少ない資金でOK

　リスクヘッジをするというのはどういうことかというと、たとえばある銘柄を買ったとします。そのリスクヘッジをするためにはその銘柄の株価が思惑から外れて下がったときに損失をカバーできる方法を採ればいいのですね。

　個別銘柄でリスクヘッジをするには下落中の銘柄を売ってリスクヘッジをすればいいわけです。

　しかし、ほとんどの銘柄が上昇トレンドにあるときに下落トレンドにある銘柄は非常に少なくなります。その少ない銘柄を探すのは至難の業です。リスクヘッジをするための銘柄探しだけで疲れてしまいますね。

　その点日経225先物や日経225オプションは銘柄を選ぶ必要はありません。日経225オプションの場合はちょっと複雑になりますが、日経225先物でしたら本当にひとつだけです。

　さらに日経225先物は出来高が多く流動性が高いのです。

　個別銘柄も流動性の高い銘柄を取引すればリスクを抑えることができます。流動性が高いということは、それだけでリスクを抑えることができるのです。

　個別銘柄より日経225先物でリスクヘッジをするメリットはこれだけではありません。

　魅惑の日経225先物の章で書いてあったことを思い出してくだ

さい。日経225先物は非常にレバレッジの大きい商品です。50万円あれば日経225先物のラージを1枚取引できるのです。

ラージ1枚は日経平均が10000円だとするとその1000倍の1000万円分の株を取引するのと同じことになります。日経225先物miniであれば1枚で100万円分ですね。

たとえば個別銘柄でリスクヘッジをする場合、500万円分の投資をしていてそれに対して100万円分のリスクヘッジをしようとすれば100万円分の個別銘柄を売ることになります。

信用取引のレバレッジは3.3倍ですから約33万円のヘッジ資金が必要になります。しかし日経225先物であれば100万円分のリスクヘッジをしようとする場合は日経225先物mini 1枚分の証拠金である5万円でヘッジをすることができるのです。

日経225先物によるヘッジは個別銘柄でのヘッジより非常に少ない資金で行えるということです。

これはとても魅力的なことです。投資はいかに少ない資金で多い利益を得られるかということですからレバレッジが高いということは非常に魅力的なことなんですね。

日経225先物によるリスクヘッジの優位性がおわかりになったと思います。この日経225先物を使ってどのようにリスクヘッジを行っていけばいいのかは次の項で詳しく説明していきますね。

日経225先物による
リスクヘッジ実践編

●個別銘柄エントリー時のリスクヘッジ

　いよいよリスクヘッジの実践編です。ここでは実際のチャートを使用してどの場面でリスクヘッジをし、どのようになったらヘッジを外すのかを説明していきましょう。

　リスクヘッジが必要となる場面は3通りが考えられます。まずひとつめの状況は個別銘柄の新規エントリー時です。個別銘柄のエントリーと同時に日経225先物でリスクヘッジをするという方法です。

　ここではヘッジの比率を個別銘柄と同等にして説明をします。個別銘柄を買って株価が10％上昇して100万円の利益がある場合、日経225先物が10％上昇して100万円分損失になる割合の日経225先物を売るということです。

　個別銘柄で買いエントリーする場合はもちろん上昇トレンドにある銘柄を買います。

　チャートで高値および安値両方が切り上がっているのを確認してから買います。

　第1章の個別銘柄の選択方法で載せた波動のモデル図である図11（次ページ）をもう一度ご覧ください。

　株価の高値安値両方が切り上がっているのはD〜Iまでです。ここまでの押し目では買ってもよいのですね。買うチャンスは図のE、G、Iの3カ所になります。

図11

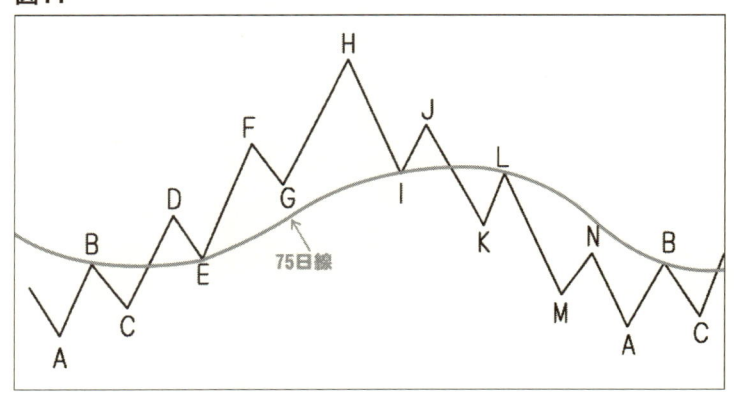

　この3カ所の中でも最大の買い場はEでした。株を買った場合には必ずロスカットをどこに置くのかを決めておくことが重要です。ロスカットの設定をしていないと買った株が必ず塩漬けになってしまうからです。

　Eで買った場合はロスカットをどこに置けばよいのでしょうか。買うための条件は上昇トレンドでした。上昇トレンドは高値切り上げ、安値切り上げです。ということはこの高値切り上げ、安値切り上げの条件が崩れたときにロスカットをすればよいということになります。

　上昇トレンドが崩れるのはEで買ったが反発しないでさらに下がり株価が直近安値のCを下回ったときになります。株式投資で儲けるためにはある程度のリスクを取らなければなりません。Eの地点で買った場合のリスクはEの株価からCの株価を引いた価格となります。単純に言うとC−E間の値幅です。

今回はこのC－E間のリスクをヘッジしてやればいいわけですね。個別銘柄の日足チャートがEになったと思われる時点で株式を購入します。と同時に日経225先物を売ります。

　このときに個別銘柄の日足チャートと日経225先物の日足チャートを比べてください。日経225先物のチャートにおいて現在の株価が個別銘柄とほぼ同じ位置になっていれば問題ありません。同じ位置というのはモデル図のEの地点です。

　日経平均に連動している銘柄を買っていれば買った時点の日経平均のチャートも個別銘柄のチャートと同じようなチャートになっているはずです。

　個別銘柄のチャートで現在の株価がEの時点になっているのに日経225先物の株価がDの時点にあった場合は個別銘柄の動きは日経平均よりも弱いということになりますので注意が必要です。

　逆に個別銘柄の株価がEの地点にあるときに日経平均の株価がEを下回って75日移動平均線よりも低い位置にあった場合には購入した個別銘柄は日経平均よりも強い動きをしているので日経平均を引っ張る銘柄になっていくということになります。

　このように日経平均よりも強い動きをしている銘柄を選択することによりリスクヘッジがさらに有効になっていきます。

●ヘッジを外すタイミング

　個別銘柄をEの時点で買った場合のヘッジ玉を外す時期について説明します。

　Eの時点で買ったからといって75日移動平均線で下げ止まるとは限りません。一度75日移動平均線の下に株価が行ってから

反発し直近高値であるDを上抜いていく動きになることが多いのです。

　株価が75日移動平均線の下にいっている時期は個別銘柄は含み損になっていますが日経225先物は含み益になっているはずです。個別銘柄の含み損と日経225先物の含み益が同じであればばっちりヘッジが効いているということです。

　個別銘柄の株価が75日移動平均線から上昇し完全に75日移動平均線の上になったらヘッジの玉を外します。完全に75日移動平均線の上に株価が来たという判断は直近の高値を超えた時点が一番確実ですが、それを待っていては利益が少なくなってしまいます。ローソク足の終値が連続5日間75日移動平均線の上になった時点で完全に上に行ったと判断するのがよいでしょう。

　ヘッジを外した後はこの後に説明する「利益が乗っている場合のヘッジ」までは何もしないで個別銘柄を保有し続けることになります。

　逆に個別銘柄の株価が直近安値であるCを下抜いたら個別銘柄を持っている前提条件が崩れますのでロスカットをします。それと同時にヘッジの日経225先物も手仕舞いとします。この時点では個別銘柄の損失と日経225先物の利益が同じ程度になっているはずです。これで損失はほぼゼロになります。

●75日線より上の位置で買った場合のリスクヘッジ

　次に個別銘柄をGの時点で買った場合のリスクヘッジの方法について説明します。

　Gで買った場合はロスカットをどこに置けばよいのでしょうか。

買うための条件はEのときと同じく上昇トレンドです。上昇トレンドが崩れるのはGで買ったが反発しないでさらに下がり株価が直近安値のEを下回ったときになります。

　Gの地点で買った場合のリスクはGの株価からEの株価を引いた価格となります。単純に言うとE－G間の値幅です。

　今回はこのE－G間のリスクをヘッジしてやればいいわけですね。しかしE－G間というのは非常に価格差が大きくなる場合が多いのです。株を買う条件としてもうひとつ株価が75日移動平均線の上にあるという条件がありました。つまり株価が75日移動平均線を完全に下回ったらロスカットをすればよいのです。

　株価が完全に75日移動平均線を下回ったと判断するのは株価の終値が5日連続で75日移動平均線を下回ったときとします。個別銘柄の日足チャートがGになったと思われる時点で株式を購入します。と同時に日経225先物を売ります。

　このときに個別銘柄の日足チャートと日経225先物の日足チャートを比べてください。日経225先物のチャートにおいて現在の株価が個別銘柄とほぼ同じ位置になっていれば問題ありません。同じ位置というのはモデル図のGの地点です。

　日経平均に連動している銘柄を買っていれば買った時点の日経平均のチャートも個別銘柄のチャートと同じようなチャートになっているはずです。個別銘柄のチャートで現在の株価がGの時点になっているのに日経225先物の株価がFの時点にあった場合は個別銘柄の動きは日経平均よりも弱いということになりますので注意が必要です。

　逆に個別銘柄の株価がGの地点にあるときに日経平均の株価

がGを下回って75日移動平均線付近にあった場合には購入した個別銘柄は日経平均よりも強い動きをしているので日経平均を引っ張る銘柄になっていくということになります。

●ヘッジを外すタイミング

　個別銘柄をGの時点で買った場合のヘッジ玉を外す時期について説明します。

　Gの時点で買ったからといってすぐに反発して上昇するとは限りません。75日移動平均線付近まで下落してから反発し直近高値であるFを上抜いていく動きになることもあります。

　株価がGの位置より下にいっている時期は個別銘柄は含み損になっていますが、日経225先物は含み益になっているはずです。個別銘柄の含み損と日経225先物の含み益が同じであればばっちりヘッジが効いているということです。

　個別銘柄の株価が75日移動平均線を下回らずに上昇し完全に買値を上回ったときにヘッジの玉を外します。買値を完全に上回ったという判断は直近の高値を超えた時点が一番確実ですが、それを待っていては利益が少なくなってしまいます。ローソク足の終値が連続5日間買値の上になった時点で完全に上に行ったと判断するのがよいでしょう。

　ロスカットは5日間連続して75日移動平均線を下回ったときになりますので、そのときにはヘッジの日経225先物も手仕舞いとします。この時点では、個別銘柄の損失と日経225先物の利益が同じ程度になっているはずです。これで損失はほぼゼロになります。

●75日線上で買った場合のリスクヘッジ

　次に個別銘柄をⅠの時点で買った場合のリスクヘッジの方法について説明します。

　Ⅰで買った場合はロスカットをどこに置けばよいのでしょうか。買うための条件はEやGのときと同じく上昇トレンドです。上昇トレンドが崩れるのはⅠで買ったが反発しないでさらに下がり株価が直近安値のGを下回ったときになります。

　Ⅰの地点で買った場合のリスクはⅠの株価からGの株価を引いた価格となります。単純に言うとG－Ⅰ間の値幅です。

　今回はこのG－Ⅰ間のリスクをヘッジしてやればいいわけですね。モデル図ではG－Ⅰ間の価格差はほとんどありませんが実際には価格差が大きくなる場合も出てきます。

　個別銘柄の日足チャートがⅠになったと思われる時点で株式を購入します。と同時に日経225先物を売ります。

　このときに個別銘柄の日足チャートと日経225先物の日足チャートを比べてください。日経225先物のチャートにおいて現在の株価が個別銘柄とほぼ同じ位置になっていれば問題ありません。同じ位置というのはモデル図のⅠの地点です。

　日経平均に連動している銘柄を買っていれば買った時点の日経平均のチャートも個別銘柄のチャートと同じようなチャートになっているはずです。個別銘柄のチャートで現在の株価がⅠの時点になっているのに日経225先物の株価がHの時点にあった場合は個別銘柄の動きは日経平均よりも弱いということになりますので注意が必要です。

逆に個別銘柄の株価がIの地点にあるときに日経平均の株価がIを下回って75日移動平均線よりも低い位置にあった場合には購入した個別銘柄は日経平均よりも強い動きをしているので日経平均を引っ張る銘柄になっていくということになります。
　この場合も日経平均よりも強い動きをしている銘柄を選択することによりリスクヘッジがさらに有効になっていきます。

●ヘッジを外すタイミング

　個別銘柄をIの時点で買った場合のヘッジ玉を外す時期について説明します。
　Iの時点で買ったからといって75日移動平均線で下げ止まるとは限りません。一度75日移動平均線の下に株価が行ってから反発し上昇していく動きになることが多くあります。
　株価が75日移動平均線の下にいっている時期は、個別銘柄は含み損になっていますが日経225先物は含み益になっているはずです。個別銘柄の含み損と日経225先物の含み益が同じであればばっちりヘッジが効いているということです。
　個別銘柄の株価が75日移動平均線から上昇し完全に75日移動平均線の上になったらヘッジの玉を外します。完全に75日移動平均線の上に株価が来たという判断は直近の高値を超えた時点が一番確実ですが、それを待っていては利益が少なくなってしまいます。ローソク足の終値が連続5日間75日移動平均線の上になった時点で完全に上に行ったと判断するのがよいでしょう。
　ヘッジを外した後はこの後に説明する「利益が乗っている場合のヘッジ」までは何もしないで個別銘柄を保有し続けることにな

ります。

　逆に個別銘柄の株価が直近安値であるGを下抜いた場合は個別銘柄を持っている前提条件が崩れますのでロスカットをします。それと同時にヘッジの日経225先物も手仕舞いとします。この時点では個別銘柄の損失と日経225先物の利益が同じ程度になっているはずです。これで損失はほぼゼロになります。

　個別銘柄をIで買った場合の利食いはちょっと難しくなります。Iで買った後Hを上抜く動きになることもあればHが天井となり下落トレンドに以降する場合もありますので利食いは確実に行ったほうが無難です。「利食い千人力」と言いますからね。

含み損が出ている時点での
リスクヘッジ

●トータルで考えれば
　リスクヘッジは含み損が出てからが無難

　では次に個別銘柄を買ったが含み損になっている時点でのリスクヘッジについて説明します。

　もう一度モデル図（123ページ）をご覧ください。

　個別銘柄の買いエントリー時期はモデル図のE、G、Iの3カ所でした。

　先ほどはエントリー時にリスクヘッジをしましたが、今回は買いエントリー時にはリスクヘッジをしないで、エントリー後、含み損が出てきた場合にリスクヘッジをしてみましょう。

　なぜそのようなことをするのかというと個別銘柄のエントリー時というのは株価が上昇するであろう可能性が高いと思ったから買ったのですね。株価が上昇する可能性が高いのにリスクヘッジをするのはもったいないと思いませんか。思惑と反して含み損が出てからリスクヘッジをするほうがトータルの利益が上になるのではないでしょうか。

　ではまず個別銘柄をEの時点で買ったが含み損が出た場合です。

●75日線を完全に下回ってからリスクヘッジする

　Eで買った場合のロスカットは高値切り上げ、安値切り上げの条件が崩れたときにすればよいということでした。上昇トレンド

が崩れるのはEで買ったが反発しないでさらに下がり株価が直近安値のCを下回ったときになります。

Eの地点で買った場合のリスクはEの株価からCの株価を引いた価格となります。単純に言うとC－E間の値幅です。

今回はこのC－E間のリスクヘッジではなくEから株価が下がって含み損が出たときのリスクヘッジです。個別銘柄の日足チャートがEになったと思われる時点で株式を購入します。

この時点ではまだ日経225先物は売りません。個別銘柄の株価が75日移動平均線を完全に下回ったときに日経225先物を売ります。このときに個別銘柄の日足チャートと日経225先物の日足チャートを比べてください。

日経225先物のチャートにおいて現在の株価が個別銘柄とほぼ同じ位置になっていれば問題ありません。同じ位置というのはモデル図のEより下がって75日移動平均線を完全に下回ったときです。

日経平均に連動している銘柄を買っていれば買った時点の日経平均のチャートも個別銘柄のチャートと同じようなチャートになっているはずです。

個別銘柄のチャートで現在の株価が75日移動平均線を下回っているのに日経225先物の株価が75日移動平均線の上にあった場合は個別銘柄の動きは日経平均よりも弱いということになりますので注意が必要です。

逆に個別銘柄の株価が完全に75日移動平均線の下にあるときに日経平均の株価がさらに下にある場合は購入した個別銘柄は日経平均よりも強い動きをしているので日経平均を引っ張る銘柄に

なっていくということになります。

　繰り返しますが、このように日経平均よりも強い動きをしている銘柄を選択することによりリスクヘッジがさらに有効になっていきます。しかし、この時点で日経平均がCの株価を下回っていた場合にはリスクヘッジをするのではなく個別銘柄をロスカットします。

　なぜかというと日経平均と連動した個別銘柄を買っているので日経平均が下落トレンドになった場合、個別銘柄も下落トレンドになる可能性が高くなるからです。

　下落トレンドになる可能性が高い銘柄を保有する必要はありません。利益が乗っていればすぐに手仕舞い、また少しの含み損の場合にもすぐに手仕舞いをするのがよいでしょう。

　個別銘柄をEの時点で買った場合のヘッジ玉を外す時期については個別銘柄のエントリー時のリスクヘッジと同じ時期でよいでしょう。つまり個別銘柄の株価が75日移動平均線から上昇し完全に75日移動平均線の上になったときにヘッジの玉を外します。

　完全に75日移動平均線の上に株価が来たという判断は直近の高値を超えた時点が一番確実ですが、それを待っていては利益が少なくなってしまいます。ローソク足の終値が連続5日間75日移動平均線の上になった時点で完全に上に行ったと判断するのがよいでしょう。

　ヘッジを外した後はこの後に説明する「利益が乗っている場合のヘッジ」までは何もしないで個別銘柄を保有し続けることになります。

　逆に個別銘柄の株価が直近安値であるCを下抜いたら個別銘柄

を持っている前提条件が崩れますのでロスカットをします。それと同時にヘッジの日経225先物も手仕舞いとします。この時点では個別銘柄の損失が日経225先物の利益よりも大きくなっていますが、合計での損失はかなり小さくなっています。

●75日線タッチでリスクヘッジする

　次に個別銘柄をGの時点で買った後に含み損が出た場合のリスクヘッジの方法について説明します。

　Gで買った場合のロスカットはEと同じく上昇トレンドが崩れたときです。上昇トレンドが崩れるのはGで買ったが反発しないでさらに下がり株価が直近安値のEを下回ったときになります。

　Gの地点で買った場合のリスクはGの株価からEの株価を引いた価格となります。単純に言うとE－G間の値幅です。

　今回はGで買ったが思惑に反して株価が下がり含み損が出た時点からEまでのリスクをヘッジしてやればいいわけですね。

　リスクヘッジをする場面はずばり75日移動平均線の時点です。株価は75日移動平均線で下げ止まることが多いのでここでリスクヘッジをすればロスカットがわかりやすくなります。株価が75日移動平均線を完全に下回ったらロスカットをすればよいのです。

　株価が完全に75日移動平均線を下回ったと判断するのは株価の終値が5日連続で75日移動平均線を下回ったときとします。個別銘柄の日足チャートがGになったと思われる時点で株式を購入します。この時点ではまだ日経225先物は売りません。個別銘柄の株価が75日移動平均線にタッチしたときに日経225先物を売ります。

このときに個別銘柄の日足チャートと日経225先物の日足チャートを比べてください。日経225先物のチャートにおいて現在の株価が個別銘柄とほぼ同じ位置になっていれば問題ありません。同じ位置というのはモデル図のGの下にある75日移動平均線の地点です。日経平均に連動している銘柄を買っていれば買った時点の日経平均のチャートも個別銘柄のチャートと同じようなチャートになっているはずです。

　個別銘柄のチャートで現在の株価が75日移動平均線にあるのに日経225先物の株価がFからG時点にあった場合は個別銘柄の動きは日経平均よりも弱いということになりますので注意が必要です。

　逆に個別銘柄の株価が75日移動平均線にあるときに日経平均の株価が75日移動平均線を下回っている場合には購入した個別銘柄は日経平均よりも強い動きをしているので日経平均を引っ張る銘柄になっていくということになります。

　このように日経平均よりも強い動きをしている銘柄を選択することによりリスクヘッジがさらに有効になっていきます。

　この時点で日経平均がEの株価を下回っていた場合にはリスクヘッジをするのではなく個別銘柄をロスカットします。なぜかというと日経平均と連動した個別銘柄を買っているので日経平均が下落トレンドになった場合個別銘柄も下落トレンドになる可能性が高くなるからです。

　下落トレンドになる可能性が高い銘柄を保有する必要はありません。利益が乗っていればすぐに手仕舞い、また少しの含み損の場合にもすぐに手仕舞いをするのがよいでしょう。

個別銘柄をGの時点で買った場合のヘッジ玉を外す時期については、個別銘柄のエントリー時のリスクヘッジと同じ時期でよいでしょう。個別銘柄の株価が終値で75日移動平均線を5日連続下回らずに上昇し、完全に買値を上回ったときにヘッジの玉を外します。

　買値を完全に上回ったという判断は直近の高値を超えた時点が一番確実ですが、それを待っていては利益が少なくなってしまいます。ローソク足の終値が連続5日間買値の上になった時点で完全に上に行ったと判断するのがよいでしょう。

　ヘッジを外した後はこの後に説明する「利益が乗っている場合のヘッジ」までは何もしないで個別銘柄を保有し続けることになります。

　逆に個別銘柄の株価が直近安値であるEを下抜いたら個別銘柄を持っている前提条件が崩れますのでロスカットをします。それと同時にヘッジの日経225先物も手仕舞いとします。この時点では個別銘柄の損失が日経225先物の利益よりも大きくなっていますが合計での損失はかなり小さくなっています。

●直近安値をメドにロスカットも視野に入れる

　最後に個別銘柄をIの時点で買った後含み損が出た場合のリスクヘッジの方法について説明します。

　Iで買った場合は、ロスカットはEやGのときと同じです。買うための条件はEやGのときと同じく上昇トレンドです。上昇トレンドが崩れるのはIで買ったが反発しないで、さらに下がり株価が直近安値のGを下回ったときになります。

Iの地点で買った場合のリスクはIの株価からGの株価を引いた価格となります。単純に言うとG－I間の値幅です。

　今回はこのIで買ったが株価が下がり含み損になった時点からGまでの間のリスクをヘッジしてやればいいわけですね。モデル図ではG－I間の価格差はほとんどありませんが、実際には価格差が大きくなる場合も出てきます。

　個別銘柄の日足チャートがIになったと思われる時点で株式を購入します。この時点ではまだ日経225先物は売りません。個別銘柄の株価が75日移動平均線を完全に下回った時点で日経225先物を売ります。このときに個別銘柄の日足チャートと日経225先物の日足チャートを比べてください。

　日経225先物のチャートにおいて現在の株価が個別銘柄とほぼ同じ位置になっていれば問題ありません。同じ位置というのはモデル図のIにある75日移動平均線を完全に下回った地点です。

　日経平均に連動している銘柄を買っていれば買った時点の日経平均のチャートも個別銘柄のチャートと同じようなチャートになっているはずです。個別銘柄のチャートで現在の株価が75日移動平均線を完全に下回っているのに日経225先物の株価が75日移動平均線の上にあった場合は個別銘柄の動きは日経平均よりも弱いということになりますので注意が必要です。すぐにGの株価を割ってくる可能性があります。

　逆に個別銘柄の株価が75日移動平均線下にあるときに日経平均の株価がG付近にいる場合には購入した個別銘柄は日経平均よりも強い動きをしているので日経平均を引っ張る銘柄になっていくということになります。

重要なので何度も書きますが、このように日経平均よりも強い動きをしている銘柄を選択することによりリスクヘッジがさらに有効になっていきます。

　この時点で日経平均がGの株価を下回っていた場合にはリスクヘッジをするのではなく個別銘柄をロスカットします。なぜかというと日経平均と連動した個別銘柄を買っているので日経平均が下落トレンドになった場合個別銘柄も下落トレンドになる可能性が高くなるからです。

　下落トレンドになる可能性が高い銘柄を保有する必要はありません。利益が乗っていればすぐに手仕舞い、また少しの含み損の場合にもすぐに手仕舞いをするのがよいでしょう。

　個別銘柄をGの時点で買った場合のヘッジ玉を外す時期については個別銘柄のエントリー時のリスクヘッジと同じ時期でよいでしょう。

　個別銘柄の株価が75日移動平均線から上昇し完全に75日移動平均線の上になったらヘッジの玉を外します。完全に75日移動平均線の上に株価が来たという判断は直近の高値を超えた時点が一番確実ですがそれを待っていては利益が少なくなってしまいます。ローソク足の終値が連続5日間75日移動平均線の上になった時点で完全に上に行ったと判断するのがよいでしょう。

　ヘッジを外した後はこの後に説明する「利益が乗っている場合のヘッジ」までは何もしないで個別銘柄を保有し続けることになります。

　逆に個別銘柄の株価が直近安値であるGを下抜いたら個別銘柄を持っている前提条件が崩れますのでロスカットをします。そ

れと同時にヘッジの日経225先物も手仕舞いとします。この時点では個別銘柄の損失が日経225先物の利益よりも大きくなっていますが合計での損失はかなり小さくなっています。

　個別銘柄をIで買った場合の利食いはちょっと難しくなります。Iで買った後Hを上抜く動きになることもあればHが天井となり下落トレンドに移行する場合もありますので利食いは確実に行ったほうが無難です。

　含み損が出ている時点でのリスクヘッジはこれで終了となります。次は含み益が出ている時点でのリスクヘッジについてです。このリスクヘッジが一番重要ですので楽しみながら読んでくださいね。

　この章では同じような文章が多く出ていますので理解できるまで何度も繰り返し読んで下さいね。そのときに75日移動平均線のモデル図を拡大コピーして手元に置いておくとより理解が深まります。

含み益が出ている時点での
リスクヘッジ

●エントリー時のリスクヘッジは慣れたら不要

　本書をここまで読んでいる読者はもうお気づきだと思いますが、実は個別銘柄の新規エントリー時にリスクヘッジをする必要はないのですね。

　私の売買手法は上昇トレンドにある銘柄を買うのです。下落トレンドにある銘柄を売るのです。そして買う場面というのは75日移動平均線だけを見ればわかるのです。

　買いでエントリーした場合にはエントリー後に75日移動平均線を完全に下回ったらロスカットすればいいのです。

　75日移動平均線のすぐ上で買い、下回ったらロスカットする。つまり新規で買いエントリーをする時点でリスクは最小限に収まっているのですね。ですからこれ以上のリスクヘッジをする必要はないのです。

　しかし、買った銘柄が必ず上昇するという保証はどこにもありません。75日移動平均線に向かって株価が下がってきているところを買うわけですから精神的に不安になる人もいると思います。ですから慣れるまでは新規エントリー時にもリスクヘッジをしてストレスを減らしてもよいと思います。

　含み損が出ている場面でのリスクヘッジにも同様のことが言えます。モデル図のEおよびIでのエントリーは75日移動平均線が目安となっていますのでロスカットがはっきりしています。Gの

エントリーだけは75日移動平均線の上でエントリーするのでリスクヘッジをしてもよいでしょう。

●日経平均の天井らしきところを見極める

それでは本命の含み益が出ている時点でのリスクヘッジについての説明に入ります。

まずはモデル図のEでのエントリーについてです。

もう一度モデル図（123ページ）をご覧ください。すでに拡大コピーして手元にありますね。

個別銘柄の株価がEの時点にあるものを選択しエントリーします。株価が思惑と外れて直近安値のCの株価を下回ったらロスカットをします。エントリーからCまでの価格が大きすぎてロスカットに耐えられないという人は75日移動平均線を完全に下回ったときにロスカットをします。

移動平均線を完全に下回った判断はもうおおかわりですね。終値が5日間連続して75日移動平均線を下回った場合に完全に下回ったと判断します。そして再び株価が75日移動平均線を上回った時点で再エントリーをすることになります。

Eで買いエントリーをして株価が順調に上昇しDを上回ってきたらそろそろリスクヘッジの準備に入ります。今株価は順調に上昇トレンドにありますのでこのままいくとF－G－Hの動きになると思われます。

人間の心理とはおもしろいものでFでピークをつけ下落を始めると利食いをしたくてしたくてたまらなくなるのです。人間は自分の身を守ろうとする本能がありますので利益を守ろうとするの

ですね。ですからFからの下落が始まるとほとんどのトレーダーは利食いをします。

そしてGでボトムをつけた後Fを上回り一番利益の出るHまでの動きを見ているだけになってしまうのです。このF-G間の下落を乗り越えることができるトレーダーだけが多くの利益を手にすることができます。

多くのトレーダーはこのF-G間の下落に耐えることができません。そこで登場するのが日経225先物によるリスクヘッジです。

F-G間の下落を日経225先物でリスクヘッジしてやれば損益はトントンになりE-F間およびG-H間両方の利益を合計した多くの利益を得ることが可能となります。

個別銘柄をEの時点でエントリーし、株価が順調に上昇してきた場合、Eからの上昇が止まるFであるとわかるのはFからかなり下落しGに近くなった時点です。Fを的確に当てることは神様にしかできません。では私たちはどのようにしてFの時点でリスクヘッジをすればよいのでしょうか。

ここで第2章の「日経225先物の聖杯は逆張りだった」を思い出してください。この章には日経225先物の買い方が書いてあります。底で買うのは神様にしかできないのでした。しかし底らしい場面で買うことは我々にもできるのでしたね。底らしいということがわかるということは逆に考えると天井らしいということもわかるということです。

もう一度S波動の底らしさを決める条件を見てみましょう。

1. ストキャスティクスの%Kが30以下になる
2. ストキャスティクスの%Dが30以下になる

3. 株価がボリンジャーバンドの−1σ以下になる
4. 株価がボリンジャーバンドの−2σ以下になる
5. 現在のS波動での新安値になる
6. 新安値の陽線になる
7. 新安値で下ひげの長い足が出現する
8. 新安値の次の足で大陽線になる
9. 新安値の次に足で上に窓空けする
10. 新安値の後2本連続陽線になる

　上記の10個の条件がS波動の底らしさを決めるものでした。
　天井らしさを決める条件とはこの条件と逆になりますので以下のようになります。

1. ストキャスティクスの%Kが70以上になる
2. ストキャスティクスの%Dが70以上になる
3. 株価がボリンジャーバンドの1σ以上になる
4. 株価がボリンジャーバンドの2σ以上になる
5. 現在のS波動での新高値になる
6. 新高値の陰線になる
7. 新高値で上ひげの長い足が出現する
8. 新高値の次の足で大陰線になる
9. 新高値の次に足で下に窓空けする
10. 新高値の後2本連続陰線になる

　今回の手法では日経平均と連動した個別銘柄を買うわけですか

ら個別銘柄のチャートがFに近くなったときには日経平均のチャートもFに近くなっている可能性が高いのです。ですからヘッジをする場合には個別銘柄のチャートを見るのではなく日経平均のチャートの天井らしさが高くなった時点でリスクヘッジをします。

●天井らしさ70〜80％でリスクヘッジ

　日経225先物の章ではリスクをとって60％程度の確率で底らしくなったら買うと書きましたが、リスクヘッジをする場合にはもっと高い確率になったときにヘッジをかけます。リスクをヘッジするのが目的なのですからわざわざリスクを大きくする必要はないのですね。

　日経平均のチャートで天井らしさが70％〜80％になったら日経225先物を売ります。

　ここで見るチャートが日経225先物のチャートではなく日経平均のチャートだということに違和感を持つ人がいるかもしれませんね。

　日経平均のチャートと日経225先物のチャートを見比べてください。何かが違うのに気づくと思います。

　個別銘柄の売買は15時で終了します。しかし、日経225先物にはイブニングセッションがあるので20時まで取引が行われているのです。

　一番の問題はイブニングセッションの取引は翌日分として日足のチャートに描かれるのです。イブニングセッションの株価が含まれたチャートはギャップのない連続したチャートになるのです。これでは天井らしさを決める条件がずれてきてしまうのです。

多くの証券会社では日経225先物のチャートはイブニングセッションの株価が含まれていますので底らしさ、天井らしさを判断するには、実際の動きに沿った日経平均のチャートを使うのです。
　個別銘柄をEの時点でエントリーした後、順調に株価が上昇し、Fらしさが70％～80％になったら日経225先物でリスクヘッジをします。
　リスクヘッジをした後も株価が上昇することがありますが、その場合は個別銘柄の含み益が増え日経225先物の含み損が発生しますので損益はトントンとなりリスクヘッジをするまでの個別銘柄の利益が守られます。
　そしてS波動がピークをつけ下落を始めたら日経225先物のヘッジを外すタイミングをはかることになります。

●S波動、底70～80％でヘッジを外す

　ヘッジを外すのはもちろんGの地点です。株価が下落し、Gになった時点では個別銘柄の含み益はFの地点よりも減っていますがその分日経225先物の売り玉に利益が発生しています。ですからF－G間の損益はトントンとなり個別銘柄のE－F間の利益はしっかりとヘッジされているのです。
　S波動がモデル図のGになったとわかるのはGからかなり上昇した時点になります。Gでヘッジを外すことのできるのは神様だけです。神様ならヘッジの必要もないか（笑）。
　私たちにわかるのはGらしいということだけです。しかしS波動の底であるGらしいということがわかるだけで十分なのですね。先ほどの条件でS波動の底らしさが70％～80％になった時

点で日経225先物のヘッジ玉を外します。

　個別銘柄の株価はさらに下がる可能性もありますが多くの場合75日移動平均線よりも上で下げ止まりHに向けて上昇していきます。仮に75日移動平均線を完全に下回った場合には個別銘柄を手仕舞いして利益を確保すればよいのです。

　75日移動平均線を完全に下回ったという判断は今までと同じです。そうすれば最悪の場合でもEから75日移動平均線までのほとんどの部分を利益にすることができるのです。

　下落が止まりHに向けて上昇すれば個別銘柄の含み益はどんどん増えていきます。後はHらしいということがわかった時点で再び日経225先物によるリスクヘッジをすればいいのです。

　M波動のモデル図を見るとHで天井となりその後は下落トレンドになっていますが、実際の株価の動きではIの後もHの株価を上回ってくることがあります。

　その場合には次ページの図30のように、初めのHがHではなかったということになり新高値の天井がHとなります。

　Iも同様に新しいHの次のボトムが新たなIになります。非常に強い上昇波動ではこのようにHが何回もずれることが起こります。ですから初めのHらしい時点でのリスクヘッジも必要となるのです。

　個別銘柄をEの時点で買った場合のリスクヘッジの説明は以上で終了となります。

　Gで買った場合とIで買った場合のヘッジの方法はEで買った場合の応用となりますので今まで本書を読んでいただいたみなさまには簡単にわかると思います。

ページの都合もありますのでここではGおよびIでのリスクヘッジについては省略させていただきます。
　日経225先物によるリスクヘッジを有効に利用していただき、みなさまの利益が増えることを願っています。

図30

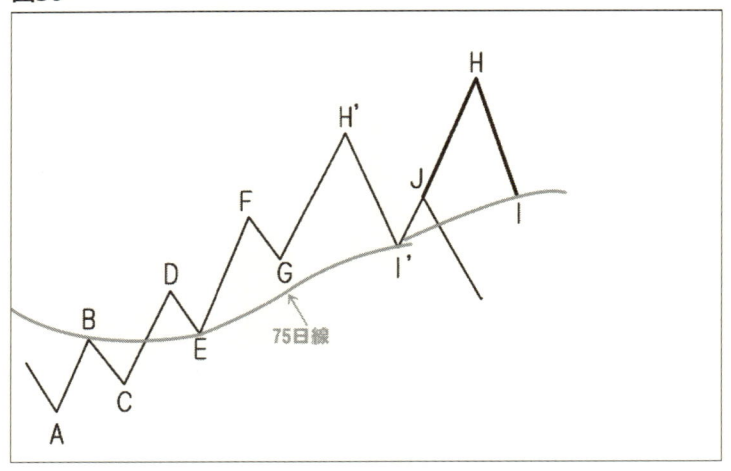

第4章 これで鬼に金棒!
日経225オプション活用術

日経225オプションとは

　個別銘柄のリスクヘッジには日経225先物の他に、日経225オプションを利用することもできます。オプションというのは多くのトレーダーにとっては取っつきにくい商品です。コールだのプットだの売りだの買いだのたくさんあるのがその要因でしょう。

　オプションのリスクヘッジの前にオプションについて説明をさせていただきますね。

●オプションの基本形は4つ

　オプションとは、簡単に言うとある商品を定められた期間にあらかじめ定められた価格で買ったり、売ったりすることができる権利のことです。

　しかしこれだけでは何のことだかわかりませんね。売る権利を買うとか売る権利を売るとか買う権利を売るなど難しすぎて頭がこんがらがってきます。

　日経225オプション売買を簡単に理解するには、次にあげる基本形4つを理解することです。

　日経225オプションには、コールオプション（売る権利）とプットオプション（買う権利）の2つがあります。そしてそれぞれに売りと買いがあります。

　まずはコールの買いから説明します。

(1) コールの買い

　権利行使価格：10500円のコールを100円で1枚買ったとします。日経平均が値上がりして10500円＋100円（買ったコスト）＝10600円以上になると、その差額の1000倍が利益になります。

　たとえば10500円のコールオプションを70円で1枚買った場合、日経平均のSQ価格が10700円で決まると、10700－10500－70円（コスト）＝130円で、130×1000倍の130000円儲かります。しかしSQ価格が10570円以下だと（買った価格が70円）なので損失になります。

(2) コールの売り

　権利行使価格：10500円のコールを100円で1枚売ったとします。日経平均が値上がりして10500円を上回らなければ売った価格100円×1000倍の100000円が売り手の利益になります。

　しかし10500円＋100円（売った価格）＝10600円以上に値上がりするにつれて損失は大きくなります。

　たとえば10500円のコールオプションを70円で1枚売った場合、日経平均のSQ価格が10700円で決まると、10700－10500－70円（売ったときお金が入る）で、130円×1000倍の130000円の損失になります。

　しかしSQ価格が10570円以下だと70円を限度として利益になります。つまりSQ価格が10500円以下だと70円×1000倍（売った価格）が利益になり、SQ価格が10520円だと50円×1000倍が利益になるということです。

第4章　これで鬼に金棒！　日経225オプション活用術

(3) プットの買い

　権利行使価格：10000円のプットを200円で1枚買ったとします。日経平均が値下がりして10000円 − 200円（コスト200円）以下、つまり9800円以下になると、その差額×1000倍が利益になります。

　たとえば10000円のプットオプションを200円で買った場合、日経平均のSQ価格が9500円で決まると9800円 − 9500円 = 300円となり、300円×1000倍 = 300000円が利益になります。しかしSQ価格が、9800円以上になると買った価格が200円なので1000倍の200000円が損失になります。

(4) プットの売り

　権利行使価格：10000円のプットを200円で1枚売ったとします。日経平均が値下がりして10000円 − 200円（コスト200円）である9800円以下になるとその差額×1000倍が損失になります。

　しかしSQ価格が、9800円以上10000円未満だと（売った価格が200円）なので200円を限度として利益になります。10000円以上のSQ価格だと200円×1000倍が利益で、SQ価格9900円だと100円×1000倍が利益となります。

●プレミアムとは

　オプションでは「プレミアム」という言葉が出てきますが、これは「オプションの価格」のことと同じ意味になります。

　オプションの価格というのは、「本質的価値」と「時間的価値」の2つから構成されています。「本質的価値」とは、オプション本

体の価値でオプションの権利を行使することによって得られる価値のことです。本質的価値は、権利行使価格と現物株価指数（SQ時）の差額のことです。

「時間的価値」は、SQ時までに価格がどのくらい動くのか、それによってどのくらい利益を得られるのか思惑的な価値のことを意味します。

オプションの価格（プレミアム）を決定する要因の大きな一つとしてインプライド・ボラティリティーというのがあります。一般的に「IV」と呼ばれているものです。

ボラティリティーとは何かというと、ボラティリティーとは価格変動の大きさのことで、統計の世界で標準偏差と呼ばれるものです。このボラティリティーは、オプションの価格を決める理論に必要不可欠なものなのですがこれを明快に説明することは難しいのです。

●「対数正規分布・標準偏差」

オプションの理論価格の計算には、対数正規分布（標準偏差）というある種の確率分布を使うことが一般的です。それはなぜかというと今日1000円の株価が、明日突然2000円になったり500円になったりすることは、可能性ゼロではないもののまずありえません。理論価格の計算には実際の値動きと同じように、毎日の動きは少しずつ、しかし時には大きく動くことがある、という性質のものを選ぶ必要があります。それが対数正規分布（標準偏差）です。

オプション理論を考えたブラック氏とショールズ氏のオプションの理論価格式には、需給によって変動する項がない、そこでボ

ラティリティーと呼ばれている変数を決めて、それがないと価格が決まらないようになっています。この変数に代入する値を変えると、出てくる価格は変わってくるのです。

「需給によって変動する項がない」とはどういうことかと言えば経済学では基本的に価格は需要曲線と供給曲線が交わるところで決まると考えますが、その交点は素朴な議論では売り手と買い手がセリをして、セリ人が落札価格として決めるわけです。日経225先物の価格と同じ決定方法ですね。

たとえば、価格が明記された日本シリーズの入場券でも、窓口を一歩離れれば、ダフ屋が法外な高値をつけても取引が成立する。つまり特殊な事情がない限り、どんなものでも需給が市場価格に影響を与えます。

この需給の項がないのでボラティリティという項があるのです。

●価格変動の大きさ

価格変動が大きいとき、日経平均が大きく動いているときなどは、オプションの価格も高くなります。株価がほとんど動かなくて値幅も少ない日が続いたりするとオプションの価格も安くなったりします。また上昇相場では、ボラティリティーが低く下落相場では、ボラティリティーが大きくなる傾向があります。

オプションには「時間的価値」もあるので（SQ時にはゼロになる）SQまでの期間が長いとオプションの価格は高くなり、SQに近づくにつれ安くなってきます。

たとえば、日経平均が10000円のときプット9500円のオプションの価格が200円とします。仮にこのまま何日も10000円近辺を

うろうろしたりすると、SQに近づくにつれオプションの価格は、どんどん安くなっていき180…170…50円となります。時間が経過するごとに価格が安くなっていきます。

日経平均が10000円のときに9500円のプットオプションを200円で売っていたとすると、日経平均の価格は、全く同じ10000円なのにプットオプションは50円になっていてその時、反対売買をすると150円儲かるということがおきます。これが時間的価値によるものです。

反対にプットオプションを買っている場合は、日経平均の価格が変動しないと200円で買ったのに時間の経過とともに安くなり50円になったとすると、反対売買により150円の損失になるということです。

よくオプションの買いは、損失限定利益無限大、オプションの売りは、利益限定損失無限大といわれますが、それは、ロスカットをしない場合という条件時です。

<u>オプションの価格には、時間的価値が含まれるので、売りのほうが有利になります。</u>

オプションは、現在の指数の価格水準から

- インザマネー
- アットザマネー
- アウトオブザマネー

の3つに大別されます。

またややこしそうな言葉が出てきました。オプションが取っつきにくい原因はこれらの名称にあるのかもしれませんね。でもわかってしまうと簡単なんですよ。

対象商品の時価と権利行使価格の価格水準からインザマネー、アットザマネー、アウトオブザマネーがありますなどと書くとわかりにくくなりますので、簡単に説明をしてみましょう。
- コールの場合
　　インザマネー：日経平均株価＞権利行使価格　本質的価値あり
　　アットザマネー：日経平均株価＝権利行使価格　本質的価値なし
　　アウトオブザマネー：日経平均株価＜権利行使価格　本質的価値なし
- プットの場合
　　インザマネー：日経平均株価＜権利行使価格　本質的価値あり
　　アットザマネー：日経平均株価＝権利行使価格　本質的価値なし
　　アウトオブザマネー：日経平均株価＞権利行使価格　本質的価値なし

　つまりやさしく言うと、日経平均の近いところがアットザマネー、遠いところがアウトオブザマネー、現在本質的価値があるのがインザマネーということになります。たとえばコールの場合ですと、日経平均が10000円のとき、250円単位でオプションの権利行使価格は設定されていますので9750円以下のコールはインザマネー、10000円のコールがアットザマネー、10250円以上がアウトオブザマネーということになります。
　プットの場合これとは逆で日経平均が10000円のとき、10250円以上のプットはインザマネー、10000円のプットはアットザマ

ネー、9750円以下のプットはアウトオブザマネーとなります。ちょっとややこしくなりましたね。実際の取引をするとそんなに難しくないので大丈夫です。

●オプションを保険にたとえると…

オプションを保険にたとえるとコールオプションは株価上昇に対する保険であり、プットオプションは株価下落に対する保険ということになります。

買い手が保険加入者で売り手が保険会社という関係になります。株価上昇に対する保険というのは、ピンと来ないのでプットで説明したほうが感覚的にわかりやすいと思います。

たとえば、日経平均連動ETF1000株や日経平均連動株1000株を保有していたとします。現在日経平均は10080円とします。今が7月だとして現在の8月限10000円のプットオプションは180円、9月限10000円のプットオプションは325円（時間的価値があるので高い、10月限10000円のプットオプションは435円（さらに時間的価値があるので高い）だとします。

日経平均のチャートを見ると下落するのでは？　と思い8月限10000円のプットを180円で買いました。9月限10000円のプットを325円で買いました。このまま日経平均が8月の第二金曜日（SQ）まで下落せず10000円以上をキープすると8月限のプットオプションは消滅し180円の損失です。

しかし、現物のETF1000株や連動株1000株は、下落していません。そして8月のSQがすぎて日経平均が下落し、9月のSQ時に日経平均が8675円になっていたとすると10000円のプットオ

プションを買っているので、10000円 − 8675円 = 1325円 × 1000倍の1325000円が利益になります。

しかし連動株は損失を受けています。プットで利益、連動株で損失、合計損失なしということになります。仮にこのまま株価は上昇し日経平均が、12000円になれば現物ETFや連動株は含み益は増えていますが、購入したプットオプションは消滅し325円は損失です。プットの買いですので325円以上の損失にはなりません。このようにオプションはヘッジ目的で使用できます。それが保険に似ていると言われる所以です。

●日経平均が強いと思えば、コールを買うあるいはプットを売る

オプションにはコールオプションとプットオプションがありそれぞれに売りと買いがあります、と書きました。日経平均の基調が強く上昇すると思えばコールを買うまたはプットを売るという売買を行います。

(1) コールオプションの買いの場合

日経225オプションコール権利行使価格10,000円を200円のプレミアムで1枚買い、SQ日まで保有していったら、SQ値が10,400円になったとします。その場合の損益は、

(10,400円−10,000円)×1,000×1枚−200円×1,000×1枚＝20万円
(SQ値−権利行使価格)×取引単位×数量−支払いプレミアム＝損益

となり、結果20万円の利益になります。

(2) プットオプションの売りの場合

　日経225オプションプット権利行使価格10,000円を300円のプレミアムで1枚売り、SQ日まで保有していったら、SQ値が10,400円になったとします。その場合の損益は次のようになります。オプションを売り建てた場合は、権利行使を受けないため、受取プレミアム30万円（300円×1,000）の利益になります。

　オプションの損益図は次のようになります。

図31　コールの買い

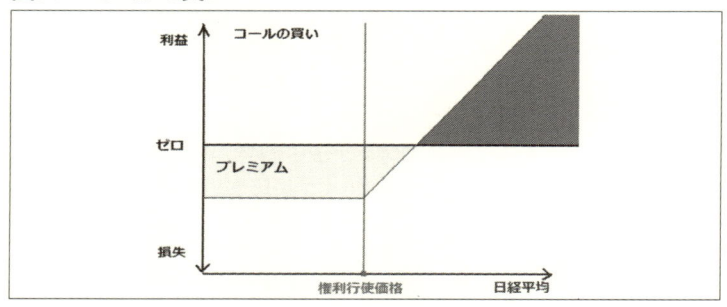

図32　プットの売り

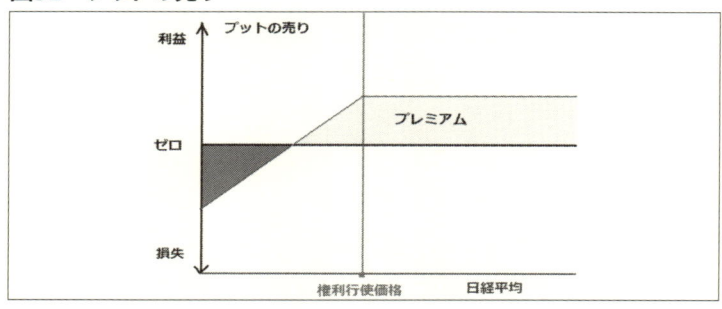

日経平均の基調が弱く下落すると思えばプットを買うまたはコールを売るという売買をすればよいのです。

(3) プットオプションの買いの場合

日経225オプションプット権利行使価格10,000円を300円のプレミアムで1枚買い、SQ日まで保有していったら、SQ値が9,500円になったとします。

（10,000円－9,500円）×1,000×1枚－300円×1,000×1枚＝20万円
（権利行使価格－SQ値）×取引単位×数量－支払いプレミアム＝損益。
この結果、20万円の利益になります。

(4) コールオプションの売りの場合

日経225オプションコール権利行使価格10,000円を200円のプレミアムで1枚売り、SQ日まで保有していったら、SQ値が9,500円になったとします。

売り建てた場合は、権利行使を受けないため、受取プレミアム20万円（200円×1,000）の利益になります。

損益図は次ページのようになります。

基本はこの4つの売買です。応用では売りと買いを絡ませる戦略があります。

図33 プットの買い

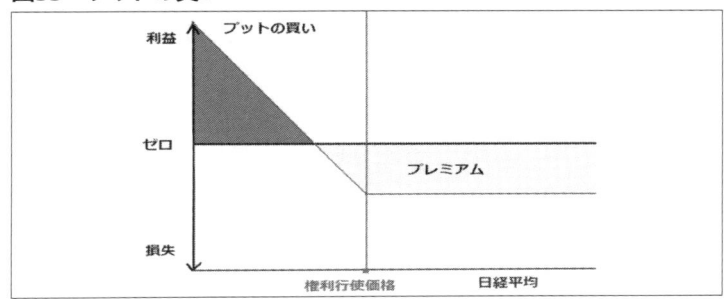

図34 コールの売り

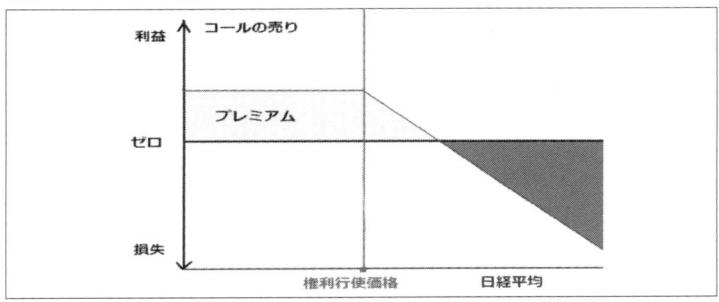

ヘッジのためのオプション戦略

　個別銘柄を買った場合の日経225先物によるリスクヘッジでは日経225先物を売ることによってリスクヘッジをしました。
　オプションでのリスクヘッジの場合は、プットの買いでのリスクヘッジとコールの売りでのリスクヘッジの2通りのヘッジができます。

●ヘッジのためのプットの買い戦略

　個別銘柄を買っていて、思惑どおりに株価が上昇し含み益が出ているときに、原資産に見合うプットそれもインザマネーのプットを買うという戦略です。買うタイミングは、日経平均がM波動のモデル図でS波動のピークらしさが60％くらいになったところがポイントになります。

　現物株を保有し続ける目的ならピークらしさが高くなったときインザマネー、あるいはアットザマネーのオプションを買うことにより原資をヘッジできます。

　ただしオプションには、SQが毎月あるのでSQまでに売却するか、ロールオーバー（限月乗り換え）するか、権利行使するのかあらかじめ決めておきます。

　ヘッジ目的なので、仮に上昇してオプションが損をしても原資が儲かっているので損益はプラスマイナスゼロで目的は達せられます。そういう意味では、インザマネーのほうが適していますね。

●ヘッジのためのコールの売り戦略　（カバードコール）

　個別銘柄を買っていて、思惑どおりに株価が上昇し含み益が出ているときに、日経225オプションのコールを売り建てる戦略をカバードコールといいます。これも日経平均がM波動モデル図でS波動でのピークらしさが60％くらいになったときに個別銘柄に見合うアットザマネーのコールを売ります。

　この戦略には、欠点もあります。

　株価が大きく下落すると、受け取りプレミアム以上に損失をこうむる可能性があります。それを補うには、コールで利益が出ると反対売買し、すぐにまたアットザマネーのコールを売らなければいけません。

　利点として、ある程度の株価下落による個別銘柄の損失をコールの売りによる受け取りプレミアムによって補うことができることと、株価が上昇しなくても利益（プレミアム分）を得られることです。この戦略は、継続的にすることにより、欠点を補って余りある利益を得ることができるでしょう。

　最後にマーケットの魔術師の言葉を載せます。この言葉でもオプションの売りが有利だということがわかりますね。

　「私は、オプションは買わないんだ。オプションの買いも宿無しのへの近道だ。SECの調査によれば、90％以上のオプションが損で満期を迎えている。つまり、オプションのロングポジションが、90％以上損するのなら、ショートポジションは、90％以上儲かる

はずだ、もし弱気の時にオプションを使うのであればコールを売るね。」

「マーケットの魔術師より　ジェームス・B・ロジャース」

最終章
儲からないトレーダーが一番嫌いな話
儲かるトレーダーが一番好きな話

あなたは簡単に破産できる

　あなたが投資において破産をしたければとても簡単に破産することができます。持っている資金をすべてトレードにつぎ込めばいいだけなのです。

　しかし投資をする限り儲けることはしても破産は避けたいですよね。そのためには破産確率というものについて知っておく必要があります。

●破産する確率0％に近づける方法

　破産確率とは、投下資金のすべてを失ってしまう確率のことです。簡単に言うと投資した全財産を失ってしまう確率ですね。

　破産確率を予測することは、とても重要なことです。なぜなら100％破産するとわかっているのに投資をする人はいないでしょう。

　では50％の確率で破産するとしたらどうでしょう？　それでも投資をする人はほとんどいないのではないでしょうか。しかし、破産する確率が10％だった場合には、多くの人が投資を始めます。破産する確率が0％だったら確実に投資を始めますよね。

　それでは破産する確率を0％に近づけるための方法を紹介しましょう。これを知っているだけで投資に対するストレスが大幅に軽減されますので、ぜひ覚えておいてください。

　破産の確率を決めるのは次の3点です。このことは非常に重要

ですからしっかりと頭に叩き込んでくださいね。
①勝率
②ペイオフ比率
③トレードにおけるリスク資金の比率

　①の勝率は説明しなくてもわかると思います。トレード数に対する勝利数のことです。100トレードして50勝50敗なら勝率50％となります。
　②のペイオフ比率は、ペイオフレシオともいいます。また損益レシオともいいます。負けトレードの平均損失に対する勝ちトレードの平均利益の比率のことです。
　計算方法は勝ちトレードの平均利益÷負けトレードの平均損失となります。たとえば100トレードをして50勝50敗だったときに50勝の合計利益が500万円で平均利益が10万円、50敗の合計損失が250万円で平均損失5万円だとした場合、100,000÷50,000＝2でペイオフ比率は2となります。
　この数値は値が大きいほど、1回の勝ちでこれまでの負けを取り戻しやすいということであって、値が大きいほど優れたシステムであるということではありません。トレードシステムの評価をする際や複数のトレードシステムのパフォーマンスを比較検討する場合に用いられます。
　③のトレードにおけるリスク資金の比率とは、自分の投資資金に対して金額ベースでどれだけのリスクを取るのかということです。たとえば1回の投資に1000万円を充てた場合、金額ベースで10万円の損切りを想定したとします。計算式は10万円÷1000万

円×100＝1となりリスク資金の比率は1％となります。

①の勝率と②のペイオフ比率は自分で決めることができません。しかし、③のトレードにおけるリスク資金の比率だけは自分で決めることができます。

勝率が高ければ高いほど破産する確率が低くなるのは当然ですね。どの程度の勝率があれば破産する確率が大幅に減るのかというと、それは勝率が50％を超えたときです。勝率が50％を超えると破産の確率は大幅に低下するのです。

●勝率50％、 ペイオフ比率1では破産する可能性あり

次に、次ページの図35から図37の3つの図をご覧ください。

これらの表は資産のうちどれだけリスクにさらしたら破産するのかを表しています。

まずは図35です。総資産のうち1％をリスクにさらした場合には勝率50％でペイオフ比率が1以上で破産する確率が0％になります。勝率が40％の場合にはペイオフ比率は2以上が必要となります。同様に勝率30％の場合ならペイオフ比率は3以上が必要です。

図36はリスクを1.5％にした場合の破産確率です。

リスクを増やすと当然破産する確率も高くなります。勝率50％、ペイオフ比率1では破産する可能性が出てくるのですね。

図37ではリスクを2％にした場合です。

勝率50％、ペイオフ比率1では破産確率が5.4％になります。

多くのトレーダーはこの表を見てこれなら破産しないのではないかと考えます。

図35

総資産の1%をリスクにさらした場合の破産確率

ペイオフ比率

		1	1.5	2	2.5	3
勝率	25%	100%	100%	100%	73%	3.1%
	30%	100%	100%	46.9%	0.2%	0%
	35%	100%	74.6%	0.1%	0%	0%
	40%	99.8%	0.5%	0%	0%	0%
	45%	52.4%	0%	0%	0%	0%
	50%	0%	0%	0%	0%	0%

図36

総資産の1.5%をリスクにさらした場合の破産確率

ペイオフ比率

		1	1.5	2	2.5	3
勝率	25%	100%	100%	100%	88.9%	12%
	30%	100%	100%	78.4%	1%	0%
	35%	100%	94.5%	0.8%	0%	0%
	40%	100%	4.5%	0%	0%	0%
	45%	84.2%	0%	0%	0%	0%
	50%	1.4%	0%	0%	0%	0%

図37

総資産の2%をリスクにさらした場合の破産確率

ペイオフ比率

		1	1.5	2	2.5	3
勝率	25%	100%	100%	100%	94.3%	19.7%
	30%	100%	100%	87.4%	3%	0%
	35%	100%	98.7%	16%	0%	0%
	40%	100%	9.2%	0%	0%	0%
	45%	93.6%	0%	0%	0%	0%
	50%	5.4%	0%	0%	0%	0%

しかし、金額ベースのリスクを2％以下に抑えるトレーダーは非常に少ないのです。ほとんどのトレーダーはもっと大きなリスクをさらしているのです。

　このように勝率が50％を超えない限り、ペイオフ比率が1程度の手法では破産はしませんが利益にもなりません。これでは投資をする意味がありません。この表には手数料を含めていませんので1％のリスクをさらした場合で勝率50％、ペイオフ比率1だとするとトレードを繰り返せば繰り返すほど手数料分が損失となります。

　手数料を考慮すると平均利益が平均損失の1.2倍以上であれば勝率50％でも破産の確率はかなり少なくなります。トレードにおいて勝率50％というのは決して難しくない数値です。なぜなら株価は上がるか下がるかしかないのです。1000円の株を買った場合には上がる確率は50％、下がる確率も50％です。

　こうして見ていくと各トレードにおいてのリスクを考える場合に総資金の10％ものリスクを取ってはいけないということがわかります。2％のリスクですらこれですから10％ものリスクを取れば破産するのはとても簡単なことなのです。

　トレードするときには自分の資金がどれだけあるのか、自分が取れるリスクはどの程度なのか、自分の今までの平均勝率はどの程度なのか、利食い目標をどこに置くのか、などを考える必要があります。破産するのは簡単です。しかし破産しないことも簡単なのです。投資を楽しむために今回の破産確率をひとつのガイドラインとしてお役立てください。

お金が貯まらない理由(連敗確率)

●優秀なトレードシステム＝儲かるシステムではない?

トレードをしていてもお金が貯まらないという人が多くいます。とてもすばらしい手法を手に入れたのに利益を上げ続けることができない。勝率が高いシステムなのに利益を上げ続けることができない。儲かっている人の話を聞いて同じ手法を教えてもらったのに自分でトレードをすると利益につながらない……。こんな経験をお持ちの人も多いでしょう。

これは自分の手法が見つからない人に多く見られる特徴です。バックテストでは優秀な成績を出しているトレードシステムがあるのに利益が出ないのはなぜでしょう。優秀なトレードシステムを持っているというだけでは利益を出すことはできないのです。

優秀なトレードシステムと聞くと、儲かるシステムだと思うでしょうが、実は優秀といわれているトレードシステムの内容は儲かるシステムではないのです。

優秀なシステムとは期待値が高いシステム、期待値がプラスになるシステムなのです。期待値がプラスになるというのは、システムのシグナルどおりに売買を複数回繰り返し、その結果として利益の合計と損失の合計を足したときに総合計がプラスになっているということです。破産確率のところで出てきたペイオフ比率に置き換えると1以上になるシステムということです。

たとえば手元資金100万円で期待値がプラスのシステムを使って20回のトレードをしたとします。5万円の利益が5回、1万円の損失が15回の合計20回のトレードでした。

　この場合の合計は、利益5万円×5回＝25万円、損失－1万円×15回＝－15万円となり最終損益は25万円－15万円＝＋10万円となります。

　この場合勝率は5勝15敗で25％ですが、期待値はプラスになります。

　最終的に利益を出すためには、勝率は低くても期待値がプラスのシステムが必要になります。期待値がプラスなのですから繰り返せば繰り返すほどシステムの成績に近くなるのですね。繰り返すトレード数は最低でも30トレードは必要です。5トレードや10トレード繰り返しただけではシステムどおりの成績になることはまれでしょう。

　つまり30回トレードを繰り返せば利益が出せるということです。しかし、30回トレードを繰り返せば利益が出る期待値プラスのシステムがあるのになぜ最終的に利益につながらないかというと、30回繰り返すことができる人がほとんど存在しないということです。

　システムを信じてシステムどおりにトレードできる人は100人のトレーダーのうち2、3人だといわれています。システムどおりにトレードを実行できないことが儲からない理由なのです。とても単純なことなのですがそれができないのが人間なのです。

　利益が出るといわれているシステムを手にしトレードを行うが、30回繰り返すことができずにシステムを停止してしまい、利益

にはつながらない。そしてさらに良いシステムが見つかりまた売買をする。しかしそのシステムでも30回繰り返すことができない。この繰り返しになるのです。

期待値というのは確率から導き出された数値ですからトレード回数が多ければ多いほど期待値のとおりの結果に近づきます。10回のトレードより20回のトレード、20回のトレードより100回のトレードのほうが期待値は近くなります。

では、なぜ繰り返すことができないのでしょうか。

●4連敗するようなシステムは使えない?

たとえば勝率が70%のシステムがあったとしても10回のトレードで4連敗以上する可能性があります。4連敗するともうそのシステムを使えなくなるトレーダーがたくさんいるのです。

1000回のトレードをすれば勝率70%に限りなく近づきます。期待値プラスのシステムを手に入れたらできる限り多くのトレードを繰り返すようにすれば期待値どおりの結果に近づくのです。しかし、トレードを繰り返すうちに、当然連敗もあり、そこでシステムを停止してしまいます。

大切なのは、システムトレードに限らず、自分の手法ではどの程度の連敗があるのか、自分の使っているシステムではどの程度の連敗の可能性があるのかを知っておくことです。

システムトレードのトレーダーなら自分のシステムの勝率はご存じでしょう。裁量売買をしているトレーダーの人も自分の売買日記を見れば勝率がわかると思います。

ではどの程度の勝率ならば連敗する可能性がどの程度なのかを

見てみましょう。

勝率が50%の場合は勝つ確率も負ける確率も50%です（引き分けは考えないことにします）。

1敗する確率は0.5ですから50%です。

2連敗する確率は0.5 × 0.5 = 0.25ですから25%。

3連敗する確率は0.5 × 0.5 × 0.5 = 0.125ですから12.5%。

4連敗する確率は0.5 × 0.5 × 0.5 × 0.5 = 0.0625ですから6.25%。

5連敗する確率は0.5 × 0.5 × 0.5 × 0.5 × 0.5 = 0.03ですから3.1%。

6連敗する確率は0.5 × 0.5 × 0.5 × 0.5 × 0.5 × 0.5 = 0.015ですから1.5%。

つまり2連敗は100回エントリーすると25回起きる可能性があります。

3連敗は12回、4連敗は6回、5連敗は3回、6連敗は1.5回となります。

勝率50%の場合でも100回のエントリーで6連敗する可能性があるのです。

勝率50%ですから連勝の確率も同じになります。

他の勝率の場合は、次ページの図38をご覧ください。

連敗確率を知ることにより自分の勝率でどのくらいの連敗をする可能性があるのかがわかります。これを知っていれば勝率50%のシステムでたとえ10連敗をしたとしても100回のうちには1回はあることだから大丈夫、これからも続けていけるという気持ちになれるはずです。

この連敗確率を知らなければ10連敗したらそのシステムを使い続けることは不可能でしょう。

図38

勝率	連敗数									
	1	2	3	4	5	6	7	8	9	10
10	90.00	81.00	72.90	65.61	59.05	53.14	47.83	43.05	38.74	34.87
15	85.00	72.25	61.41	52.20	44.37	37.71	32.06	27.25	23.16	19.69
20	80.00	64.00	51.20	40.96	32.77	26.21	20.97	16.78	13.42	10.74
25	75.00	56.25	42.19	31.64	23.73	17.80	13.35	10.01	7.51	5.63
30	70.00	49.00	34.30	24.01	16.81	11.76	8.24	5.76	4.04	2.82
35	65.00	42.25	27.46	17.85	11.60	7.54	4.90	3.19	2.07	1.35
40	60.00	36.00	21.60	12.96	7.78	4.67	2.80	1.68	1.01	0.60
45	55.00	30.25	16.64	9.15	5.03	2.77	1.52	0.84	0.46	0.25
50	50.00	25.00	12.50	6.25	3.13	1.56	0.78	0.39	0.20	0.10
60	40.00	16.00	6.40	2.56	1.02	0.41	0.16	0.07	0.03	0.01
70	30.00	9.00	2.70	0.81	0.24	0.07	0.02	0.01	0.00	0.00
80	20.00	4.00	0.80	0.16	0.03	0.01	0.00	0.00	0.00	0.00
90	10.00	1.00	0.10	0.01	0.00	0.00	0.00	0.00	0.00	0.00

●退場しないために絶対やってはいけないこと

　連敗確率とともに知っておいていただきたいことに資金管理があります。

　詳しくは後述しますがここでは最大ドローダウンと連敗する可能性について書いてみましょう。

　資金管理をする場合には自分の勝率を考え連敗しても投資を続けることができる資金を残さなければなりません。資金がなくなってしまえば相場からは退場になってしまいますからね。

　レバレッジの効く信用取引や日経225先物をやっている人はこのことをほとんど考えずに投資をし、本当は勝てる可能性があるのに資金をなくし相場から退場する人が後をたちません。

　相場を続けていくためには資金をなくしてはダメなのです。そのためには最大ドローダウンと連敗確率について考えていかなければなりません。

　資金管理の最大の目標は株式市場で自分が生き残るということです。トレードという楽しみを継続できなくなるような恐れのあ

ることをしてはいけないのです。

そのようなリスクを回避していかなければなりません。

2番目の目標は、着実な利益を稼ぐことです。そして3番目の目標は着実な利益を継続させることです。コツコツと黒字を続けていくことなのです。

大儲けは必要ありません。ちょっと大きな負けがあり、それを取り返すために一発大勝負をする必要はないのです。一時の大損はコツコツの黒字で埋めることができます。

損失をあわてて取り戻そうとして大勝負をすると傷口を広げることになります。コツコツと黒字を続けていけば複利を利用して黒字を大きくしていくことができるのですから。

私たちが肝に銘じておかなければならないことは「株式市場で生き残らなければならない」ということです。

次の図39をご覧ください。

100万円の資金で投資を始めて10%の10万円の損失が出た場合には元の100万円にするためには残り90万円に対し約11.1%の利益である10万円が必要になります。

図39

ドローダウン	回復のための収益率
10%	11.10%
20%	25%
30%	42.90%
40%	66.70%
50%	100%
60%	150%
75%	300%
90%	900%

20％の資金を失った場合には25％の利益が必要です。仮に資金が半減して50％になった場合にはなんと100％の利益が必要になるのです。

　50％を失うのは簡単ですが100％の利益を出すのは容易ではありません。

　そのためにもリスクは最小限に抑えていかなければならないのです。

　1回で大きな資金を使うのはギャンブラーのやることです。私たちは相場をギャンブルではなく商売として考えていかなければならないのです。

敗者の考え方

●トレーダーを破滅へと導く欲望と恐怖

　今まで多くのトレーダーにお会いしました。その中で儲かっていないトレーダーの人たちの特徴として、トレーディングの最中に感情をむきだしにしている人が多いようです。

　トレードは、娯楽ではありません。トレードの最中に喜怒哀楽を出してお金儲けはできません。感情はトレードにおいて最大の敵です。

　人間ですから楽しんだり落ち込んだりすることもあります。しかしそれはトレードが終わってからにしましょう。欲望と恐怖は、確実にトレーダーを破滅へと導きます。

　また損を出して取り乱すトレーダーは、たとえば「買い」ポジションの場合いくら現実に下落していようとも上昇する根拠をインターネットなどで探し回りどこかの掲示板やブログに書いてあることを見て安心したりします。

　さらに、敗者は確率論など理解しようとしませんし、勝率とかランダム過程などという概念を理解せず迷信を信じています。

　一方、儲かっているトレーダーは良い言葉を残してくれています。下記の言葉など何回も読んで暗記しておくとこれからの相場人生の役に立つでしょう。

「相場がどう動くかを予測するのは最悪である。なぜならば、相場動向を予測し、自分の作ったポジションに恋してしまうと、…、そのポジションが間違っていると告げる多くの証拠を目の前に突き付けられてもなお、進んでそのポジションと手を切ることができなくなるからである。

自分を相場と同調させなければならない。相場と喧嘩をしてはいけないのである。奇妙なことに、人は正しい判断に必要な情報を探す代わりに、自分の判断が正しいことを証明しようとする。」
（『相場で儲ける法』Larry Williams 著から）

のぼり坂、上から見れば下り坂。一つの同じ経済現象も、株を買おうと思っている人と、株を売ろうと思っている人とで、とらえ方が正反対になることがよくあります。我田引水的に現象をとらえるからでしょうか…。

一晩寝ずにじっくり考えて、絶対上がると思って買えた株は、この株は絶対下がると思って売った人がいたからです。

「すべての建玉をストップ・ロス・オーダーによって守るという断固とした決意、意思がなければ、取引を始めないほうがよい。失敗するのが確実だからだ」（W・D・ギャン）

休むも相場。休むとは、ただの休みと思うなよ、次の仕掛けの元となるなり。

白と黒のビー玉

●マネの限界

『考えるのをやめることは、私にとって生きることをやめることだ』(シャロム・ヤアコブ・アブラモヴィッチ)

『多くの人は考えないために本を読む』(ヨセフ・リヒテンバウム)

「最近は自分で物事を考えない人が増えているようです。そのために子供たちの学力も低下してきているのです」。このようなコメントをしている評論家がいました。

そうなのでしょうか?

自分で物事を考えない人がいるというのは、今の時代だけのことではないと思います。

そして、学校の成績が良くても物事を考えない人というのは結構いるのではないでしょうか?

記憶力がいいということと、自分で考えて問題を解決するということは全く違うことです。ある本を読んで読書感想文を書いてもらうと「参考になった。すごく良い本だった。」という感想を書く人がいます。

この人は自分自身で考えているのでしょうか。これは感想ではありません。単なる評価なのです。

感想文であるなら、この本を読んで自分はこれこれこういうふうに考えたとか「自分にとってはこの本の内容はこのような意味があり実行するアイデアが浮かんだ。」などを書くべきでしょう。

今の学校では要約技術がうまいと、知識があるように思われ、優等生扱いをされます。しかし、このような人たちは社会に出るとまるで役に立たない場合があるのです。

　考えるという行為をしてはいるのでしょうが、方向性が違うのです。

　「自分はこう考える」という自分の主張がなければいけません。「自分自身はこう考える」という第一人称が必要なのです（ここ重要です。テストにでます。笑）。

　相場でも同じです。他人の売買をマネしてもうまくいきません。それは単にうまくいっている人を評価しているだけで自分の考えがないからです。

　初めのうちは利益が出るでしょう。しかし、続けていくうちにマネができなくなってくるのです。それはなぜかというと自分の考えがないからです。

　自分の考えがないのでマネをしていることが不安になるのです。そしてその不安が増長し、エントリーができなくなったり、損切りができなくなります。一度でもそうなったら以前のように儲けること（マネすること）は難しくなります。

　そして儲かっている人とまるで逆のことをするようになるのです。相場において、儲かっている人の売買を参考にするのは有益です。しかしその売買をそのまま鵜呑みにしてはいけないのです。

　儲かっている人の売買を元に自分なりの売買手法を探す必要があります。自分自身で本気で時間をかけて作り上げた売買手法で儲けることができれば大きな自信になります。

　また自分の売買手法で儲からないときがあっても「どこが違う

のだろう？ どこかに見落としがあるのではないだろうか？」と考えるようになり、その売買手法は精度の良い手法になっていきます。

●勝率50%を超えるために

自分で考えることとはどのようなことなのでしょう。

ひとつ問題を出しますね。

ここにビンが2本とビー玉が10個あります。10個のビー玉のうち5個が黒色で、残りの5個が白色です。このビー玉10個を、必ずどちらかのビンに入れます（入れる数は自由です）。どちらかのビンを取って、中のビー玉を1個取り出し、白が出れば勝ち、黒が出れば負けというゲームを、1対1で行います。どちらのビンを選ぶかは相手が決めますが、ビー玉の入れ方はあなたの自由です。さて、どのように分けたら、あなたが勝つ確率が高くなるでしょうか？

この問題は一見どのように分けても同じ確率に思えます。ビンが1本だけならそうですが、ビンが2本あるところがポイントです。相手がどちらのビンを取るかの確率は50%です。ということは、必ず勝てるビンを1本作れば、50%の確率で勝つことができきます。

必ず勝てるビンとは、白色のビー玉だけが入ったビンですが、白色のビー玉を1個だけ入れたビンを用意しておけばいいわけですね。こうすると、もう一方のビンには白色4個、黒色5個が入ることになり、こちらのビンを選んだ場合でも白色のビー玉を取り出す可能性が生まれます。このビンで白色のビー玉を引く確率

は9分の4です。

　このビンを取る確率が2分の1なので、それを考慮すると「9分の4」×「2分の1」なので18分の4となります。白色のビー玉を取る確率の合計は2分の1（必ず勝てるビンを選ぶ確率）と18分の4（もうひとつのビンを選んで白色のビー玉を取り出す確率）を足すと18分の13となります。なんと72％の確率であなたが勝つことができるのです。

　なぜこんな問題を出したのでしょうか？

　自分自身で考える力をつけていただきたいからです。そして相場で勝つためには同じように確率で考えることが必要だからなのです。

　相場で勝つためにチャートパターンやテクニカルの勉強も大切ですが、確率についての勉強もしっかりとやっていきましょう。

　勝てる確率を少しでも高くするためには検証作業というのが非常に大切です。株価は上がるか下がるかのどちらかですから勝てる確率は50％ですね。

　しかし、50％以上の確率で勝てるトレードシステムというものが存在します。その理由は相場における歪みを見つけ出すことなのです。

　ある特定の条件が重なったときに相場の動きに歪みが起きて50％以上の確率で自分の思った方向へ株価が動く。このような条件を見つけることです。

　自分自身で多くのことを考え研究して自分だけの聖杯を見つけてくださいね。

資金管理を知らないのならば
株式投資をやめなさい

●ベテランより初心者のほうが勝率は高い?

　この本の最後に株式投資にとって一番大事な資金の話をしたいと思います。

　株式投資に長くかかわっている人と、まだ株式投資を始めたばかりの初心者の人の負け方を比較してみましょう。

　相場初心者の人や経験の浅い人は勝率が高いのが特徴です。けれども、そこそこ勝っているのに1回の大負けがあったりして資金を減らします。

　理由はご存知のとおり、損切りをしないので勝率が高くなるのです。そしてどうしても我慢ができない損失になると大きな損切りをするのですね。

　一方で株式投資を長くやっているベテラン（儲かっているトレーダー）は、少しずつ資金を減らします。新規エントリー時からロスカットを厳密に決めてあり確実にそのロスカットを守ります。ですから勝率が若干落ちても小さな損切りが続くだけで、資金の減少速度は非常に遅いのです。

　ベテランと初心者の資金に対しての月々の収益率もどのように違うのか見てみましょう。

　ベテランは1月の収益率は+10%、2月の収益率は-2%、3月の収益率は+25%、4月は-5%、5月は+15%という感じになります。毎月収益率がプラスになるのがベストですが、すべての月

でプラスになっているトレーダーは非常に少ないでしょう。

一方、初心者の人の月々の収益率は次のようになっています。1月の収益率は+60%、2月の収益率は-50%、3月の収益率は+80%、4月は-50%、5月は+20%。

一見してみると初心者のトレーダーの人が儲かっているように感じますね。これを実際に計算してみましょう。

元の資金が100万円としましょう。

• ベテランの場合

元金1,000,000円

1カ月目　収益率　+10%　　残高1,100,000円

2カ月目　収益率　- 2%　　残高1,078,000円

3カ月目　収益率　+25%　　残高1,347,500円

4カ月目　収益率　- 5%　　残高1,280,125円

5カ月目　収益率　+15%　　残高1,472,000円

・

・

このようにベテランは安定的に毎月平均10%程度の利益を積み上げていきます。

• 初心者の場合

元金1,000,000円

1カ月目　収益率　+60%　残高　1,600,000円

2カ月目　収益率　-50%　残高　　800,000円

3カ月目　収益率　+80%　残高　1,440,000円

```
4カ月目    収益率   −50%    残高    720,000円
5カ月目    収益率   +20%    残高    864,000円
  ・
  ・
12カ月目            残高          0円        相場から撤退‼
```

　初心者の場合月々の収益率の変動が非常に激しいのです。1カ月で資金を一気に半分に減らしたりします。これをしていると精神的にも負担が大きくなりストレスがたまります。初心者にはこういう人が沢山います。
　というよりほとんどの初心者の方がこのような収益率になってしまいます。
　スキャルピングで1日に50回以上の売買をしたりレバレッジの高い商品で証拠金上限の資金で売買したりロスカットしなかったり、自分の勘だけで決め打ちしたりすると月の収益率が+80%、−50%……というような成績になっていくのです。
　月々の収益率が大きくぶれるのですね。私たちは、こういう成績がぶれる売買をしてはいけません。つまり過剰売買をしたり、資金を上限までめいっぱい使ったり、ロスカットしなかったりするのはダメなのです。

●売買資金を増やすタイミング

　儲かるトレーダーになるためにはこれらのこととは反対のことをするのです。条件に合うトレード機会がくるのを亀のようにじっくりと待っていればいいのです。相場は逃げません。勝てる場

面は必ずくるのです。

　毎日必ずトレードをする必要はありません。2週間にたった1回のトレードでもいいのですね。2週間に1回のエントリーで5％の利益が得られればそれでよいのです。それで1カ月で10％の利益率になるのですから。

　このように考えるとエントリーできない日が続いたとしても焦ったりせずに済みます。絶対に稼がないといけないなどのプレッシャーを感じたりしなくなるのです。精神的に安定したトレードができるようになるのです。これが一番重要なのです。

　勝てる可能性の高い条件がくるまでじっと待ってください。我慢してエントリーを待つということを覚えてください。

　最初は少ない資金で始めて毎月の成績が安定したら資金を増やしていけばいいのです。

　日経225先物をする人ならラージではなく日経225先物miniがありますので資金にあわせて1枚ずつ増やすことも可能ですね。一攫千金の高利回りを求めなくてもいいのです。

　年間の収益がプラスの収支だったとしても勝つ月と負ける月の収益差が大きい場合は売買資金を増やすということはとても危険ですしやってはいけません。

　毎月の収益は少なくても10万円、多い月には50万円というようになれば売買資金を増やすことができるようになります。儲かるトレーダーになるために毎月10％の収益率を目指しましょう。

　もし毎月10％の収益率が達成できれば、元の資金を1年間複利で運用すると資金は、年間で3倍近くになります。15％複利運用

なら年500パーセントの利回りになります。ですから焦ることもプレッシャーに感じることもないのです。

●資金管理の全体的な考え方

　資金管理の全体的な考え方は、取引口座の資金残高、想定される最悪のケース、ドローダウン、売買による資金の成長率、リスクの適量化です。

　そしてもうひとつ重要なのは、自分の使用している手法の期待値が1以上であり、トレードに使う資金に十分な余裕があることです。その条件を満たして適切な資金管理と組み合わせることですばらしい成果を期待することができるのです。

　ただしファンドマネージャーなど機関投資家がしているポートフォリオ理論などは、個人にとっては、メリットよりもデメリットのほうが多いので注意しましょう。

　ポートフォリオとはリスクを分散するために多くの銘柄に投資する手法ですが、10や20という多くの銘柄を同時に売買するといざというときの対処が困難になってしまいます。いい加減になってしまうのです。

　相場格言にもあるように「すべての卵を同じバスケットに入れるな」という考えで多くの銘柄を取引する人が多いのでしょうが個人ではそもそもバスケットに入れず、少ない銘柄を両手で落とさないように大事に運用することを目指すべきです。

おわりに（相場塾の紹介）

　この本は私ひとりの力でできたものではありません。

　まずは私のブログに目を留めていただいたアールズ出版の金澤さんに感謝します。

　そして次に相場塾の講師である白石さん、福田さんお二人に感謝します。お二人共に相場の世界で生き抜き相場一本で生活をされています。そのノウハウを惜しみなく提供していただきこの本は出来上がりました。心より感謝します。

　私たち3人は日本の個人投資家の皆さんに株式投資の楽しさを知っていただき株式投資で生計を立てていけるようになっていただきたいと心から願っています。

　卒業生の方から相場で食べていけるようになったというご報告をいただけるのが一番の喜びです。

　相場塾では3カ月という期間で相場の原理原則を学び株式投資の基礎を身につけていただいています。

　株式投資ではどんなにすばらしいシステムを手に入れてもそれを使う人のメンタル面が弱ければ利益を得ることはできません。相場塾に入会さえすれば勝てるようになるというほど相場の世界は甘くはありませんが、本気で勉強をすればするほど相場というものの本質がわかってきます。相場というものの本質はとてもシンプルなものなのです。相場塾では原理原則はもちろんのこと精神面での考え方も勉強していただいています。

はじめにでも書きましたが本書では私たちのノウハウすべてをお伝えすることはできていません。ご興味のある方は下記の株式会社DREAM-CATCHERのホームページをご覧ください。
　http://nk225.info/

　また、いつも私のブログをご覧いただいている皆様。皆様のブログランキングクリックというご協力がなければ出版という機会には恵まれなかったと思います。毎日1000名を超える読者様の支持があってはじめてこの本の出版がかないました。心より感謝いたします。
　ブログでは株式投資のノウハウはもちろんのこと、人生を楽に楽しく幸せに生きる方法を書いています。まだご覧になられていない方は是非お立ち寄りください。ブログアドレスは下記の通りとなります。
　http://tuiterusennin.blog109.fc2.com/

　最後になりますが今までの人生私の思うように好き勝手にさせてくれた妻に心より感謝します。君のおかげで今の生活があるよ。ありがとう。
　そして最愛の息子たち、君たちが大きくなってこの本を読み、私の愛した株式投資の楽しさを知ってくれることを望みます。

ついてる仙人（金子　稔）

参考文献

『ツキの大原則』(西田文郎著／現代書林)
『究極の損得勘定』(小林正観著／宝来社)
『幸運と成功の法則』(船井幸雄著／グラフ社)
『予想どおりに不合理』(ダン・アリエリー著／早川書房)
『投資の王道』(新井邦宏著／日経BP社)
『マーケットの魔術師』(アート・コリンズ著／パンローリング)
『投資苑』(アレキサンダー・エルダー著／パンローリング)
『格言で学ぶ相場の哲学』(鏑木繁／パンローリング)
『相場で儲ける法』(ラリー・ウィリアムズ著／日本経済新聞社)

著者略歴

ついてる仙人
個人投資家から絶大な支持を得る「相場塾」を主宰。一方で、ブログでは株式と日経225先物の売買記録を随時公表するとともに、今後の株価の動きの予測やその日の売買のタイミングなどを情報発信し、好評を得ている。テクニカル分析に定評がある。

金子　稔
法政大学卒業後、大好きなバイクと過ごしたくてバイク屋に就職する。
28歳　独立し逆輸入車および中古車販売で業績を伸ばす。
38歳　難病の天疱瘡を患う
40歳　悪性リンパ腫を患い余命半年を告知される。
42歳　事業を譲りセミリタイア
44歳　スローライフを求め長野県に移住
　　　株式会社DREAM-CATCHERで相場塾を開講
　　　今に至る

株・日経225先物勝利の2パターンチャート方程式

2009年11月30日　初版第1刷発行
2012年 4月11日　初版第4刷発行

　著　者　ついてる仙人

　装　幀　藤瀬和敏

　発行者　森　弘毅

　発行所　株式会社 アールズ出版
　　　　　東京都文京区本郷1-33-6 ヘミニスIIビル 〒113-0033
　　　　　TEL 03-5805-1781　　FAX 03-5805-1780
　　　　　http://www.rs-shuppan.co.jp

　印刷・製本　中央精版印刷株式会社

©Tsuiteru Sennin, 2009, Printed in Japan
ISBN978-4-86204-131-9 C0033

乱丁・落丁本は、ご面倒ですが小社営業部宛お送り下さい。送料小社負担にてお取替えいたします。